外贸出口综合制单

夏 燕 主 编

朱 琴 黄艳艳 副主编

浙江工商大学出版社
ZHEJIANG GONGSHANG UNIVERSITY PRESS
·杭州·

图书在版编目(CIP)数据

外贸出口综合制单 / 夏燕主编. —杭州:浙江工商大学出版社,2021.12(2022.5重印)
ISBN 978-7-5178-4646-8

Ⅰ.①外… Ⅱ.①夏… Ⅲ.①进出口贸易—票据—中等专业学校—教材 Ⅳ.①F740.44

中国版本图书馆 CIP 数据核字(2021)第169533号

外贸出口综合制单
WAIMAO CHUKOU ZONGHE ZHIDAN
夏 燕 主 编 朱 琴 黄艳艳 副主编

责任编辑	李远东
封面设计	沈 婷
责任印制	包建辉
出版发行	浙江工商大学出版社
	(杭州市教工路198号 邮政编码310012)
	(E-mail:zjgsupress@163.com)
	(网址:http://www.zjgsupress.com)
	电话:0571-88904980,88831806(传真)
排 版	杭州朝曦图文设计有限公司
印 刷	杭州高腾印务有限公司
开 本	889 mm×1194 mm 1/16
印 张	12.5
字 数	320千
版 印 次	2021年12月第1版 2022年5月第2次印刷
书 号	ISBN 978-7-5178-4646-8
定 价	48.00元

编写人员名单

主　编：夏　燕

副主编：朱　琴　黄艳艳

编　者：(按姓氏笔画排列)

　　　　陈　逸　陈迪亚　单春波

　　　　俞东晓　董　婕

前　言

　　本书是宁波东钱湖旅游学校国际商务专业的校本教材,是现有国家规划教材和浙江省课改教材的有效补充。

　　本书立足于宁波中小型外贸企业的出口业务,以出口企业单证员的职业能力和岗位要求为依据,在传统单证教材体系的基础上,引入校企合作单位典型工作案例,是一本以任务驱动的活页式教材。

　　教材的特色:

　　1.教材内容上:选择中小外贸企业最常用的汇付、托收和信用证三种结算方式项下的出口单据制作,以应用为目的,以必须、够用为度,满足职业岗位的需要。

　　2.教材结构上:三种支付方式下的出口制单独立成册,每部分又分为准备篇和操作篇。根据"以全面素质为基础""以职业能力为本位"的教学理念,符合学生的认知和技能养成规律。

　　3.教材功能上:通过企业真实工作任务引入,突出职业引导功能,使学生了解职业、热爱职业岗位,帮助学生树立正确的价值观、择业观,培养良好的职业道德和职业意识。

　　本书的编写队伍除了宁波东钱湖旅游学校具有多年单证教学经验的骨干教师,还有来自宁波三邦进出口公司的黄艳艳主管,她为本教材的编撰提供了大量的企业案例和新政策新行规。感谢宁波市名师郑可立老师和中国银行国际结算部侯燕主任对本书做的可行性分析;感谢宁波天泰进出口公司和宁波三邦日用品公司在本教材编写过程中提供的一手资料,使本教材兼具严谨的教学思路和开阔的外贸视野。

目　录

项目一　汇付项下结汇单据的制作

准备篇

一、汇付的概念

汇付(remittance)又称汇款,指付款人主动通过银行或其他途径将款项汇交收款人的结算方式。国际贸易的货款如果采用汇付,一般是由买方按照合同约定的条件(如收到单据或货物)和时间,将货款通过银行汇交给卖方。由于手续简单、费用较低,其成为近些年来使用较为广泛的一种结算方式。

汇付是最简单的国际货款结算方式,采用汇付方式结算货款时,卖方将货物发运给买方后,有关货运单据由卖方自行寄送给买方,而买方则径自通过银行将货款汇交给卖方。这对银行来说,只涉及一笔汇款业务,并不处理单据。由于汇款业务中结算工具(委托通知、票据)的传递方向与资金的流向相同,故属顺汇(to remit)性质。

汇付方式涉及四个基本当事人,即汇款人、汇出行、汇入行和收款人。

汇款人(remitter),即汇出款项的人,在进出口贸易中通常是进口商。

汇出行(remitting bank),即受汇款人的委托汇出款项的银行,通常是进口地银行。

汇入行(receiving bank),又称解付行(paying bank),即受汇出行委托解付汇款的银行,通常是出口地银行。

收款人(payee or beneficiary),即收取货款的人,在进出口交易中通常是出口商,或买卖合同的卖方或其他经贸往来中的债权人。

二、汇付的种类和业务流程

采用汇付方式结算货款,汇款人在委托汇出行办理汇款时,通常要出具汇款申请书,写明收款人的名称和地址、汇款金额、具体采用的汇款方式等内容交给汇出行。汇出行接受委托后即有义务按照申请书的指示,用申请书列明的方式通知汇入行将汇款解付给收款人。汇款人在申请汇款时除了应该交付所汇的全部金额,还应向汇出行缴付规定比率的手续费,或称汇费。

根据不同的汇款方法,汇付方式有信汇、电汇和票汇三种。

1. 信汇(Mail Transfer,简称 M/T)。信汇是指汇出行根据汇款人的申请,将信汇委托书寄给汇入行,授权解付一定金额给收款人的一种汇款方式。信汇方式的优点是费用较低,但收款人收到汇款的时间较迟。信汇流程图如下:

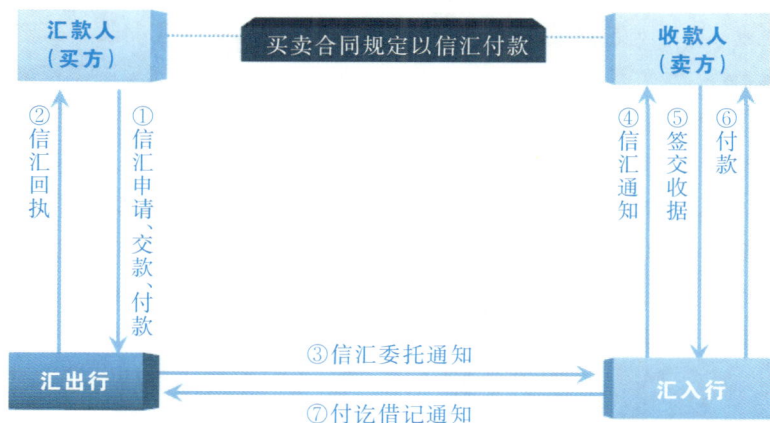

说明：

①汇款人填写信汇汇款申请书，交款付费给汇出行；

②汇款人取回信汇回执；

③汇出行制作信汇委托书或支付委托书邮寄给汇入行；

④汇入行收到信汇委托书或支付委托书，核对签字无误后，将信汇委托书的第二联及第三四联收据正副本一并通知收款人；

⑤收款人凭收据取款；

⑥汇入行借记汇出行账户，取出头寸，解付汇款给收款人；

⑦汇入行将付讫借记通知书寄给汇出行，通知其汇款解付完毕。

2. 电汇（Telegraphic Transfer，简称 T/T）。电汇是指汇出行根据汇款人的申请，拍发加押电报、电传或SWIFT电文方式给在另一国家的分行或代理行（即汇入行），指示解付一定金额给收款人的一种汇款方式。电汇方式的优点是收款人可以迅速收到汇款，但费用较高。电汇流程图如下：

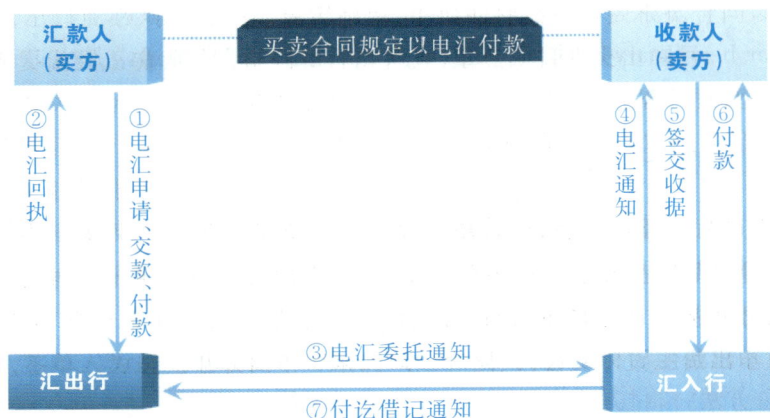

说明：

①汇款人填写电汇汇款申请书，交款付费给汇出行；

②汇款人取回电汇回执；

③汇出行根据电汇申请人的指示，用电报、电传或SWIFT电文方式向国外代理行发出汇款通知；

④汇入行收到电报等，核对密押无误后，缮制电汇通知书，通知收款人收款；

⑤收款人收到通知书后，在收款联上盖章，交汇入行；

⑥汇入行借记汇出行账户，取出头寸，解付汇款给收款人；

⑦汇入行将付讫借记通知书寄给汇出行，通知它汇款解付完毕。

3. 票汇（Remittance by Banker's Demand Draft，简称 D/D）。票汇是指汇出行根据汇款人的申请，代汇款人开立以其分行或代理行为解付行的银行即期汇票（Banker's Demand Draft），支付一定金额给收款人的一种汇款方式。票汇流程图如下：

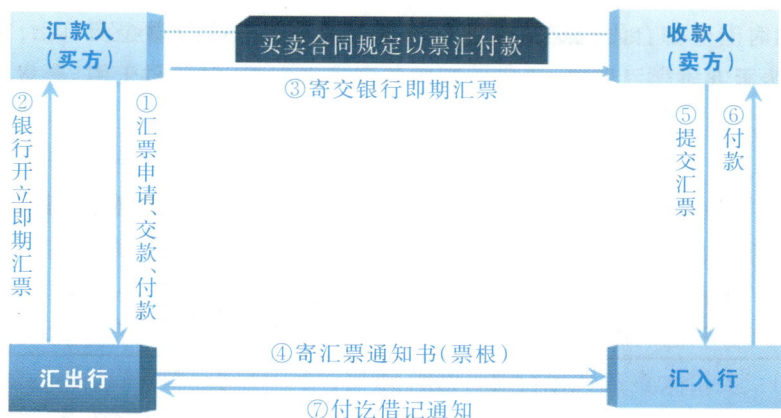

说明：

①汇款人填写票汇汇款申请书,交款付费给汇出行;

②汇出行开立一张以汇入行为付款人的银行即期汇票交给汇款人;

③汇款人将汇票寄给收款人;

④汇出行将汇票通知书寄汇入行;

⑤收款人提交银行即期汇票给汇入行要求付款;

⑥汇入行借记汇出行账户,取出头寸,解付汇款给收款人;

⑦汇入行将付讫借记通知书寄给汇出行,通知它汇款解付完毕。

三、汇付业务的特点

1. 汇付属于商业信用。在进出口业务中,使用汇付方式结算汇款,银行一般只提供清算服务而不提供信用,进口商和出口商之间的交易完全凭借双方之间的信用。

2. 风险大。对于货到付款的卖方或预付货款的买方来说,能否按时收汇或能否按时收货,完全取决于对方的信用。如果对方信用不好,则可能钱货两空。

3. 资金负担不平衡。对于货到付款的卖方或预付货款的买方来说,资金负担比较重,整个交易过程中需要的资金,几乎全部由他们来提供。

4. 手续简便,费用低。汇付的手续比较简单,银行的手续费也较低。因此,在交易双方相互信任的情况下,或在跨国公司的各子公司之间的结算,可以采用汇付方式。

四、出口商应注意的问题

使用汇付方式完全取决于买卖双方中的一方对另一方的信任,并在此基础上向对方提供信用和进行资金融通,属于商业信用性质。因此,出口商在使用时应注意以下问题:

1. 事先做好客户的资信调查,掌握适当的授信额度。

2. 了解进口国家的有关政策法令和商业惯例,以防发生货到后不准进口或不能及时收汇等不测。

3. 在一般情况下,应争取到岸价格(CIF)条件成交,万一在进口商付款前货物在途中受损,则可向保险公司索赔。

4. 严格按照合同规定办理出口和制作单据,以免授人以柄,借口拖延付款或拒付货款。

5. 在使用汇付方式时,应在合同中明确规定汇付的时间、具体的汇付方式和汇付金额等。在预付货款情况下,汇付的时间应与合同规定的交货时间相衔接。例如:买方不迟于12月15日将100％的货款用电汇预付并抵达卖方。

五、拓展与提升

1. 电汇、信汇与票汇在结算工具、汇票成本、安全性及汇款速度方面有所不同。

(1)结算工具不同。电汇使用电报、电传或SWIFT电文,用密押证实;信汇使用信汇委托书或支付授权书,用印鉴或签字证实;票汇使用银行汇票,用印鉴或签字证实。

(2)汇票成本不同。电汇的成本最高;信汇和票汇成本较低,其中票汇的成本最低。

(3)安全性不同。电汇大多数在银行之间直接通信,减少中间环节,安全性高;信汇必须通过银行和邮政系统实现,信汇委托书有可能在邮寄途中遗失或延误,导致不能及时收到汇款,因此其安全性低于电汇;票汇虽有灵活的特点,却有丢失或损坏的风险,背书转让会带来一系列的债权债务关系,容易使当事人陷入汇票纠纷,汇票遗失后挂失或上传的手续比较麻烦。

(4)汇款速度不同。在付款速度上,电汇最快,信汇次之,票汇与信汇相同,如果付款银行在非收款人所在国,则最慢。所以电汇最受买方欢迎,也是目前采用的主要汇付方式,而信汇方式由于资金在途时间长,操作手续多,目前已极少使用。

2. 汇付方式在国际贸易中的使用。

在国际贸易中,汇付方式通常用于货到付款、赊销和预付货款等业务。根据货款交付和货物运送先后时间的不同,存在着先收款后交货和先交货后收款两种情况,前者称为预付货款,后者称为货到付款。

(1)预付货款(Payment in Advance)是指进口商先将货款的一部分或全部汇交出口商,出口商收到货款后,立即或在一定时间内发运货物的一种汇付结算方式。预付货款是对进口商而言的,对出口商来说则是预收货款。

预付货款,实际上是出口商向进口商收取的预付定金(Down Payment),是指在订货时汇付或交货前汇付货款的办法。前者即所谓"Cash with Order",多应用于一些客户提出特殊加工要求或专门为客户加工的特殊商品,或一些市场畅销而又稀缺的商品。采用这种方法可以优先取得供应。预付货款主要是出口商为防止进口商不履行合同而将预收部分货款作为担保。在进口商违约的情况下,出口商可以没收全部预收货款。预付货款意味着进口商预先履行付款义务,并不等于货物的所有权是在付款时转移,在CIF等装运港交货的贸易术语下,出口商在没有交出装运单据以前,货物的所有权仍归其所有。由此可见,预付货款对出口商来说有预先得到一笔资金的明显好处;但对进口商来说,却要过早地垫付资金,承担出口商延迟交货或不交货的风险。

预付货款的结算方式有利于出口商,而不利于进口商,为保障权益,进口商有时会规定解付条件,或要求提供银行保证书,保证收款人如期履行交货、交单义务,否则退还已收货款,并加付利息。在预付货款的交易中,进口商为了减少预付风险,也有使用凭单付汇的做法。凭单付汇(Remittance Against Documents)是指进口商先通过当地银行(汇出行)将货款以信汇或电汇方式汇给出口地银行(汇入行),指示汇入行凭出口商提供的某些指定的单据和装运凭证付款给出口商。汇入行根据汇出行的指示向出口商发出汇款通知书,作为有条件付汇的依据。出口商根据汇款通知书向汇入行提交与通知书规定相符的单据,并凭单据向汇入行取得汇款。凭单付汇从理论上讲是一种对买卖双方都较为有利的方式,相比一般汇付方式,更容易被买卖双方所接受。因为对于进口商来说,比一般的汇付方式

（预付货款）多了一层保障，可以防止出口商支取汇款后不交货、不交单或不按合同规定如期交货、交单；对出口商来说，只要及时按照合同交货、交单，便可以立即向汇入行凭货运单据支取全部货款。但是，由于汇款在尚未被收款人支取前是可以被撤销的，按银行惯例，汇款人有权在收款人支取前随时通知银行将汇款退回。

（2）货到付款（Payment after Arrival of the Goods）。货到付款是指出口商先发货，待进口商收到货物后，立即或在一定期限内将货款汇交出口商的另一种汇款结算方式。这种方法实际上是一种赊账业务。出口商在发货后能否按时顺利收回货款，取决于买方的信用。如果进口商拒不履行或拖延履行付款义务，出口商就要发生货款落空的严重损失或者晚收货款的利息损失。因此，这种汇付结算方式明显对出口商不利，除非进口商的信誉可靠，出口商一般不宜轻易采用此种方式。

六、案例解析

中国上海艺林有限公司与新加坡某石油海事公司初次达成交易，以传真方式与新加坡某石油海事公司订立了一份编号为96RLIS-3045的合同，具体条款包括：上海艺林公司售出950吨零号柴油（允许溢短装10%）给石油海事公司，总价为259000美元，装运口岸为中国上海，付款方式规定买方必须于某日前将定金100000美元电汇至卖方指定的银行，买方在提单日起计15天内用电汇方式将全部货款汇至卖方指定的银行账户。在收到石油海事公司按期电汇的定金100000美元后，艺林公司立即按照合同发货，实际交货949.94吨，总计246034.46美元。按照合同条款，石油海事公司还应向艺林公司偿付余款146034.46美元，但石油海事公司迟迟未付，几次催款之后，石油海事公司传真了一份已电汇货款的银行底单给艺林公司。经查实，石油海事公司根本没有电汇这部分货款，所谓已经电汇货款的银行底单只是石油海事公司编造的假单据。在接下来的5个月里，艺林公司先后发出传真信函，或派专人前往新加坡向石油海事公司追款，但都毫无结果。石油海事公司始终未偿付欠艺林公司的货款及利息，艺林公司不得不向中国国际经济贸易仲裁委员会申请仲裁。虽然仲裁结果对艺林公司有利，但艺林公司已经付出了大量的人力物力，而是否能够弥补经济损失还要看仲裁的执行结果。

分析如下：

（1）本案例中，以电汇方式结算虽然速度较快，但双方成交的金额较大，买方只预付了不到一半的定金，并无其他保障措施，卖方在发货后能否按时顺利收回货款，取决于买方的信用，卖方不得不承担余款迟付、不付的巨大风险。（2）双方公司初次达成交易，可见买卖双方缺乏足够的了解，采用电汇付款方式结算的风险很大，因此在订立合同之前，卖方必须对买方的资信状况进行深入调查，以决定是否采用汇款方式结算。（3）如果决定采用汇款方式结算，还可以在买卖合同中规定，由买方提供银行付款保函，由银行担保买方如期付款，如果买方不能如期履约，那么卖方可以获得银行的赔付。

操作篇

💧 业务背景

　　汇付是宁波外贸企业对外贸易最主要的支付方式,其中又以电汇(T/T)为主。宁波乾湖日用品有限公司和日本 BUSACVB CO. 达成一笔 3000 条纯棉毛毯的交易,双方以船上交货价(FOB)条件成交,付款方式为 100% 前 T/T,并于 2020 年 4 月 10 日签订了合同。

NINGBO QIANHU HOME PRODUCT CO., LTD
SALES CONFIRMATION

No.：NBQH201305

Date：APR.10,2020

Buyer：BUSACVB CO.

Address：NO.7859 TOM STR, TOKYO JAPAN

The undersigned Sellers and Buyers have agreed to close transaction according to the terms and conditions stipulated below：

ART.NO.	Description	Quantity	Unit Price	Amount
	100% COTTON BLANKET		FOB NINGBO	
SCH200	RED	1,000PCS	USD19.50/PC	USD19,500.00
SCH201	YELLOW	800PCS	USD20.00/PC	USD16,000.00
TOTAL		1,800PCS		USD35,500.00

SAY U.S. DOLLARS THIRTY-FIVE THOUSAND FIVE HUNDRED ONLY.

PACKING：PACKED IN CARTONS OF 20PCS EACH, TOTAL 90 CARTONS.

TIME OF SHIPMENT：BEFORE THE END OF JUNE 2020, PARTIAL SHIPMENT AND TRANSSHIPMENT ARE NOT ALLOWED.

PORT OF LOADING：NINGBO CHINA.

PORT OF DESTINATION：TOKYO JAPAN.

TERMS OF PAYMENT：BY T/T, PAYMENT IN ADVANCE NOT LATER THAN THE DATE OF SHIPMENT.

INSURANCE：TO BE COVERED BY THE BUYER.

DOCUMENTS REQUIRED：COMMERCIAL INVOICE, PACKING LIST, C/O, B/L (TELEX RELEASE).

THE SELLERS   THE BUYERS

宁波乾湖日用品有限公司

NINGBO QIANHU HOME PRODUCT CO., LTD   BUSACVB CO.

何一山   WHIT

业务目标

1. 熟悉外贸合同的格式,理解合同内容;了解汇付方式下预付货款和货到付款在操作上的区别。
2. 认识和掌握各类单据包括商业发票、装箱单、一般原产地证、电放海运提单的含义和内容。
3. 掌握在汇付方式下如何根据外贸合同,正确缮制商业发票、装箱单、一般原产地证,并能操作电放提单。

业务操作

一、业务分析

1. 汇付方式下,出口商必须按合同的规定制单,单据的种类和份数根据合同以及实际业务的需要来出具,单据的内容要做到正确、简洁,排列要行次整齐,重点项目要突出醒目。

2. 根据合同,付款方式为电汇预付货款,因此需要提早制作发票,让客户据此付款。

3. FOB贸易术语下,进口商指定承运人,出口商可能拿到的不是有货权的可转让运输单据,但因为是预付款,出口商一般都能接受。

4. 出口到近洋国家,如果出口商在提单签发后再寄单,那么可能会影响进口商在目的港的提货速度,所以很多情况下会被要求把提单电放给进口商,即电放提单。尤其是在预付货款的方式下,出口商在装运前已收到进口商的全部合同金额,在装运后,可以直接指示船公司把提单电放给进口商。

5. 提单电放时,签单人为避免电放提单带来的风险和损失,会要求货主做出电放提单的保函。

二、制单业务

上述合同的附加资料:

发票号码:NBQH266　　　　　　　　　　　发票日期:2020年5月5日
G.W.:21KGS/CTN　　　　N.W.:20GKS/CTN　　MEAS.:0.150CBM/CTN
产地证号:C143400000050043　　　　　　　H.S.编码:6301
产地证申报员:刘倩　　　　　　　　　　　产地证签证人员:王路
提单号码:KFT2582699　　　　　　　　　　提单日期:2020年6月20日
船名航次:MARIDO MASRSK 1203　　　　　　集装箱号码:COSU2265998
提单的签发人:XXX CONTAINER LINES 周星

(一)商业发票

1. 发票含义

商业发票(Commercial Invoice)简称发票,是卖方向买方开立的发货价目清单,是装运货物的总说明。商业发票全面反映了交付货物的状况,是出口交易中最重要的单据之一,也是全套出口单据的核心。在出口业务中,由出口企业自行缮制签发商业发票,无统一格式,但包含的栏目大致相同,主要包括买卖双方信息、发票字样、发票号码、合同号码、商品名称、规格、数量、单价、总价、装运港和目的港等。

在实际工作中,出口商会根据客户需要制作若干份商业发票,比如:用于让客户预付款的、根据合同数量缮制的商业发票,用于报关的、描述相对简单的商业发票,装船后根据实际数量出具的最终的商业发票,等等。

2. 发票缮制

结合上述业务背景,宁波乾湖日用品有限公司缮制的商业发票如下:

COMMERCIAL INVOICE

1. EXPORTER NINGBO QIANHU HOME PRODUCT CO., LTD 88 QIANHU ROAD YINZHOU NINGBO CHINA		3. INVOICE NO. NBQH266		
		4. INVOICE DATE MAY 5,2020		
2. TO BUSACVB CO. NO.7859 TOM STR, TOKYO JAPAN		5. S/C NO. NBQH201305		
		6. FROM NINGBO CHINA TO TOKYO JAPAN		
7. MARKS	8. DESCRIPTION OF GOODS	9. QUANTITY	10. UNIT PRICE	11. AMOUNT
BUSACVB TOKYO NBQH201305 NO.1—90	BLANKET SCH200 RED SCH201 YELLOW TOTAL	1,000PCS 800PCS 1,800PCS	FOB NINGBO USD19.50/PC USD20.00/PC	USD19,500.00 USD16,000.00 USD35,500.00

12. TOTAL AMOUNT IN WORDS: SAY U.S. DOLLARS THIRTY-FIVE THOUSAND FIVE HUNDRED ONLY.

13. Signature:

宁波乾湖日用品有限公司

NINGBO QIANHU HOME PRODUCT CO., LTD

何一山

第一栏　Exporter(出口商)：填写出口商(合同的卖方)全名和详细地址,必须与合同一致。

第二栏　To(抬头)：填写进口商(合同的买方)全名和详细地址。

第三栏　Invoice No.(发票号码)：填写商业发票的号码。商业发票的号码通常由卖方统一编制,一般采用字符加顺序号的形式,以便查对。

第四栏　Invoice Date(发票日期)：填写商业发票的制作日期。商业发票的日期是所有单据中出单日期最早的,通常在签订合同或备妥货物后开立。一般情况下,商业发票应该在报关前缮制完成,也就是要在出货日的3天之前完成;需要商检的产品,应该在报检前缮制完成,大概是出货前15天左右。

第五栏　S/C No.(合同号码)：填写买卖双方订立的合同号码。

第六栏　From...To...(从……到……)：装运港和目的港的名称,填写时需要注意以下3点。

(1)装运港和目的港应填写具体港口名称,不能笼统表示,如CHINA。

(2)如货物需转运,转运地点也应明确表示,如FROM NINGBO CHINA TO LONDON BRITISH W/T HONGKONG CHINA。

(3)如遇有重名的港口,必须加打国家的名称。

第七栏　Marks(唛头)：卖方自行设计的或买方规定的运输标志,即唛头。填写时需要注意以下3点。

(1)如果合同中规定了具体唛头,则按合同填写。

(2)如果合同中没有规定唛头,卖方可以自行设计。唛头一般以简明、易于识别为原则。内容主要由买方名称的缩写、合同号(或发票号)、目的港、件号这几个部分组成。

(3)如果合同中没有规定唛头,可以用No Mark或N/M来表示无唛头,此栏不得留空。

第八栏　Description of Goods(货物描述)：列出货物的具体名称和规格。汇付方式下,发票对货物描述的内容可以按照合同的规定结合实际情况来填写。

第九栏　Quantity(数量)：根据合同填写货物的实际数量。

第十栏　Unit Price(单价)：单价的填写应包含4个组成部分,即计价货币、单位金额、计量单位和贸易术语,单价要正确填写,不得遗漏。

第十一栏　Amount(总值)：发票的总值是发票的重要项目,必须准确计算,正确填制,并认真复核,特别要注意小数点的位置是否正确,单价和数量的横乘、竖加是否有矛盾。当总值为整数时,小数点后面仍然需要保留2位小数。

第十二栏　Total Amount in Words(总值)：发票总值的英文大写,描述时应以SAY开头,紧跟货币名称和具体金额数字,并以ONLY结尾。

(1)总值为整数,例如USD5,200.00,大写应表示为"SAY U.S. DOLLARS FIVE THOUSAND TWO HUNDRED ONLY"。

(2)总值若有小数,例如USD5,200.50,大写应表示为"SAY U.S. DOLLARS FIVE THOUSAND TWO HUNDRED AND CENTS FIFTY ONLY"。

第十三栏　Signature(卖方签章)：本栏为发票的签署,包括中文对照的扁章和卖方有权签字人的手签章。

缮制发票还需注意的问题：

(1)如果是以影印、自动或电脑处理或复写方法制作的发票,作为正本者,应在发票上注明"ORIGINAL"(正本)字样,并由出单人签字。

(2)提交的份数应按合同规定,如果没有特殊要求,其中一份必须是正本。

(3)若有更正处,发票的更正处应盖有签发人的更正章。

知识链接

其他类型的发票:

1. 海关发票(Customs Invoice):遵循非洲、美洲和大洋洲等某些国家海关规定的格式,由出口商填制,供进口商用于报关的一种特别的发票。

2. 形式发票(Proforma Invoice):出口商有时会按进口商的要求,发出一份列有出售货物的名称、规格、单价等的非正式参考性发票,供进口商向其本国贸易管理当局或外汇管理当局等申请进口许可证或批准给予外汇等之用,这种发票叫形式发票。形式发票不是一种正式发票,不能用于托收和议付,对双方都无最终约束力。

3. 领事发票(Consular Invoice):有些国家法令规定,进口货物必须要领取进口国在出口国领事签出的发票,作为有关货物征收进口关税的前提条件之一。

4. 厂商发票(Manufacturer Invoice):厂商出具给出口商的销售货物的凭证,其主要目的是检查是否有削价倾销的行为。

5. 样品发票(Sample Invoice):出口商为了说明所推销商品的品质、规格、价格,在交易前发送实物样品供客户挑选。此种发票不同于商业发票,只是方便客户了解商品的价值、费用等,以便向市场推销。

(二)装箱单

1. 装箱单含义

装箱单(Packing List)是包装单据(Packing Documents)的一种,包装单据是商业发票的补充单据,也是商业发票和提单之间的桥梁。装箱单又称花色码单,列明每批货物的包装形式和实际装箱情况。装箱单无统一格式,但包含的栏目大致相同,主要包括买卖双方信息,货物名称、规格、数量、重量和体积。

2. 装箱单缮制

结合上述业务背景,缮制装箱单如下:

外贸出口综合制单

PACKLING LIST

1. EXPORTER NINGBO QIANHU HOME PRODUCT CO., LTD 88 QIANHU ROAD YINZHOU NINGBO CHINA				3. INVOICE NO. NBQH266		
				4. DATE MAY 5, 2020		
2. TO BUSACVB CO. NO.7859 TOM STR, TOKYO JAPAN				5. S/C NO.: NBQH201305		
				6. FROM: NINGBO CHINA TO: TOKYO JAPAN		
7. MARKS	8. DESCRIPTION OF GOODS	9. QUANTITY	10. PACKAGES	11. G.W.	12. N.W.	13. MEAS.
		PCS	CTNS	KGS	KGS	CBM
BUSACVB TOKYO NBQH201305 NO.1－90	BLANKET SCH200 RED SCH201 YELLOW	1,000 800	50 40	1,050.00 840.00	1,000.00 800.00	7.500 6.000
	TOTAL	1,800PCS	90CTNS	1,890.00 KGS	1,800.00 KGS	13.500CBM

14. TOTAL PACKAGES IN WORDS: SAY NINETY CARTONS ONLY.

15. SIGNATURE:

宁波乾湖日用品有限公司

NINGBO QIANHU HOME PRODUCT CO., LTD

何一山

第一栏　Exporter(出口商)：填写合同卖方的全名和详细地址，必须与合同一致。

第二栏　TO(抬头)：填写合同买方的全名和详细地址。

第三栏　Invoice No.(发票号码)：填写商业发票的号码。商业发票的号码通常由卖方统一编制，一般采用字符加顺序号的形式，以便查对。

第四栏　Date(装箱单日期)：填写装箱单的制作日期。正常情况下装箱单与发票同时制作，也就是发票日期与装箱单日期为同一天。

第五栏　S/C No.(合同号码)：填写买卖双方订立的合同号码。

第六栏　From...To...(从……到……)：装运港和目的港的名称，填写时需要注意以下3点。

(1)装运港和目的港应填写具体港口名称，不能笼统表示，如CHINA。

(2)如货物需转运，转运地点也应明确表示，如 FROM NINGBO CHINA TO LONDON BRITISH W/T HONGKONG CHINA。

(3)如遇有重名的港口，必须加打国家的名称。

第七栏　Marks(唛头)：卖方自行设计的或买方规定的运输标志，即唛头。填写时需要注意以下3点。

(1)如果合同中规定了具体唛头，则按合同填写。

(2)如果合同中没有规定唛头，卖方可以自行设计。唛头一般以简明、易于识别为原则。内容主要由买方名称的缩写、合同号(或发票号)、目的港、件号这几个部分组成。

(3)如果合同中没有规定唛头，可以用No Mark或N/M来表示无唛头，此栏不得留空。

第八栏　Description of Goods(货物描述)：列出货物的具体名称和规格。

第九栏　Quantity(数量)：填写货物计价的数量。

第十栏　Packages(包装)：填写包装方式及数量。

第十一栏　G.W.(毛重)：填写货物的总毛重，单位用千克(kg)，保留2位小数。

第十二栏　N.W.(净重)：填写货物的总净重，单位用千克(kg)，保留2位小数。

第十三栏　Meas.(尺码)：填写总件数的体积，单位用立方米(CBM)，保留3位小数。

第十四栏　Total Packages in Words(总包装数)：填写总包装数的大写，描述时应以SAY开头，紧跟具体包装数量以及包装单位并以ONLY结尾。如：SAY ONE HUNDRED CARTONS ONLY.

第十五栏　Signature(卖方签章)：本栏为发票的签署，包括中文对照的扁章和卖方有权签字人的手签章。

缮制装箱单还应注意以下问题：

(1)装箱单据一般不应显示货物的单价和总值，因为买方把货物转售给第三方时，只想交付包装单和货物，不愿泄露其购买成本。

(2)若买方要求做成中性装箱单，装箱单上不应显示卖方名称，也不得签章。

(3)数量的表达：装箱单要体现货物的包装情况，一般包括计价单位的数量(Quantity)，即内包装、小包装的数量，运输包装(Package)即外包装、大包装的数量，若包装单据里只有一个包装数量，即Quantity或者Package，一般为运输包装的数量。

(4)装箱单作为发票的附属单据，填写时应注意与发票内容的一致性。

知识链接

不同商品有不同的包装单据,常用的有以下几种:

1. 装箱单(Packing List/Packing Slip);

2. 包装说明(Packing Specification);

3. 详细装箱单(Detailed Packing List);

4. 包装提要(Packing Summary);

5. 重量单(Weight List/Weight Note);

6. 重量证书(Weight Certificate/Certificate of Weight);

7. 磅码单(Weight Memo);

8. 尺码单(Measurement List);

9. 花色搭配单(Assortment List)。

(三)一般原产地证

1. 一般原产地证含义

一般原产地证(Certificate of Origin,简称C/O),是原产地证的一种,证明货物原产于某一特定国家或地区,享受进口国正常关税(最惠国)待遇的证明文件,是在国际贸易行为中证明货物原籍的证书。在特定情况下进口国据此对进口货物给予不同的关税待遇,它的适用范围是:征收关税、贸易统计、歧视性数量限制、反倾销和反补贴、原产地标记、政府采购等方面。

2. 一般原产地证的缮制

根据上述业务背景,缮制一般原产地证如下:

ORIGINAL

1.Exporter NINGBO QIANHU HOME PRODUCT CO., LTD 88 QIANHU ROAD YINZHOU NINGBO CHINA	13.Certificate No. C143400000050043
2.Consignee BUSA CVB CO. NO.7859 TOM STR, TOKYO JAPAN	**CERTIFICATE OF ORIGIN** **OF** **THE PEOPLE'S REPUBLIC OF CHINA**
3.Means of transport and route FROM NINGBO CHINA TO TOKYO JAPAN BY SEA	5.For certifying authority use only
4.Country / region of destination JAPAN	

6.Marks and numbers	7.Number and kind of packages; description of goods	8.H.S.Code	9.Quantity	10.Number and date of invoices
BUSA CVB TOKYO NBQH201305 NO.1—90	（180）ONE HUNDRED AND EIGHTY CARTONS OF 100% COTTON BLANKET ********************************	6301	1800PCS	NBQH266 JUNE 05,2020

| 11.Declaration by the exporter
The undersigned hereby declares that the above details and statements are correct, that all the goods were produced in China and that they comply with the Rules of Origin of the People's Republic of China.

宁 波 乾 湖 日 用 品 有 限 公 司
NINGBO QIANHU HOME PRODUCT CO., LTD

刘倩(手签)

NINGBO CHINA   JUNE 15,2020

Place and date, signature and stamp of authorized signatory | 12.Certification
It is hereby certified that the declaration by the exporter is correct.

NINGBO CUSTOMS
THE PEOPLE'S REPUBLIC OF CHINA
中华人民共和国宁波海关

王路（手签）

NINGBO CHINA   JUNE 16,2020

Place and date, signature and stamp of certifying authority |

第一栏 Exporter（出口商）：此栏按合同填写出口商的名称、地址和国家名。此栏是带有强制性的，应填明在中国境内的出口商详细地址，包括街道名、门牌号码等。出口商必须是已办理产地证登记的企业。若中间商要求显示其名称，可按如下方式填写，即"出口商名称 VIA 中间商名称"。

第二栏 Consignee（收货人）：填写合同中买方的名称、地址、国别。如果最终收货人不明确，可填写发票抬头人。为迎合外贸需要，此栏也可填上 TO ORDER 或 TO WHOM IT MAY CONCERN。

第三栏 Means of transport and route（运输方式及路线）：填写起运地、目的地、运输方式。运输路线始发地应填中国大陆最后一道离境地，如系转运货物，应加上转运港，如：FROM NINGBO TO PIRAEUS，GREECE VIA HONGKONG BY SEA。运输方式有海运、陆运、空运、海空联运等。

第四栏 Country/region of destination（目的国或地区）：填写货物最终运抵目的地所在国家或地区名称，即最终进口国（地区），一般与最终收货人所在国家（地区）一致，不能填写中间商所在国家名称。

第五栏 For certifying authority use only（官方声明）：供签证当局使用。此栏由签证当局填写，申请单位应将此栏留空。签证当局根据实际情况，填写如下有关内容：

（1）如属"后发"证书，签证当局会在此栏加打"ISSUED RETROSPECTIVELY"。

（2）如属签发"复本"（重发证书），签证当局会在此栏注明原发证书的编号和签证日期，并声明原发证书作废，其文字是：THIS CERTIFICATE IS IN REPLACEMENT OF CERTIFICATE OF ORIGIN NO...DATED...WHICH IS CANCELLED，并加打"DUPLICATE"。

第六栏 Marks and Numbers（唛头及包装号）：栏按实际货物和发票上的唛头，填写完整的图案文字标记及包装号。 唛头中处于同一行的内容不要换行填写。填写时需注意以下3点。

（1）唛头不得出现境外制造字样。

（2）此栏不得留空。货物无唛头时，应填 N/M。如唛头过多，可填在第7、8、9、10栏的空白处。如唛头为较复杂的图文等或内容过多，则可在该栏填上 SEE ATTACHMENT，并另加附页。

（3）此栏内容及格式必须与实际货物的外包装箱上的内容一致。

第七栏 Number and kind of packages; description of goods（包装数量及种类；商品说明）：此栏填写三项内容（①大、小写包装数量，小写加括号；②包装类型；③商品名称）。包装类型和商品名称之间用 OF 连接。请勿忘记填写包装数量及种类，并在包装数量的英文数字描述后用括号加上阿拉伯数字。如果背景资料中品名笼统或拼写错误，必须在括号内加注具体描述或正确品名。商品名称等项列完后，应在末行加上截止线，以防止外商加填伪造内容。

第八栏 H.S. Code（税目号）：此栏要求准确填写商品的四位数HS税目号，不得留空。

第九栏 Quantity（数量）：以商品的正常计量单位填制，如"只""件""匹""双""台""打"等。以重量计算的可填毛重，也可填净重，如为毛重须加注 G.W.（GROSS WEIGHT），净重则加注 N.W.（NET WEIGHT）。

第十栏 Number and date of invoices（发票号码和日期）：填同一批出口货物的商业发票日期和号码。发票内容必须与正式商业发票一致，此栏不得留空。为避免误解，月份一般用英文缩写 JAN.、FEB.、MAR.等表示，发票日期年份要填全，如"2021"不能为"21"。发票日期不能迟于提单日期和申报日期。

第十一栏 Declaration by the exporter（出口商声明）：申请单位的申报员应在此栏签字，加盖已注册的中英文合璧签证章，填上申报地点、时间，印章应清晰。申报日期不要填法定休息日，日期不得早于发票日期，一般也不要迟于提单日期，如迟于提单日期，则要申请后发证书。在证书正本和所有副本上盖章签字时应避免覆盖进口国名称、原产国名称、申报地址和申报时间。更改证申报日期与原证一致。重发证申报日期应为当前日期。

第十二栏　Certification（签证当局证明）：此栏填写签证地址和日期，一般情况下与出口商申报日期、地址一致，签证当局授权签证人员在此栏手签，并加盖签证当局印章。

注意：签证当局一般只在证书正本上加盖印章，如客户要求也可在副本上加盖印章。

第十三栏　Certificate No.（证书编号）：填写签证当局所规定的证书号。证书号为一串16位的字符加数字，从左到右分别为：1位证书识别代码（co证书为C），2位年份末两位数，9位企业注册号，4位企业自编流水号。

知识链接

海关总署公告2018年第106号《关于中国原产地证书和金伯利进程证书签发有关事宜的公告》规定，根据2018年国务院机构改革方案，原国家质量监督检验检疫总局的出入境检验检疫管理职责和队伍划入海关总署，中国原产地证书签证管理部门由原国家质量监督检验检疫总局变更为海关总署，签证机构中的各地出入境检验检疫机构变更为各直属海关，各直属海关于2018年8月20日正式启用新版证书和签证印章。

（四）海运提单

1. 海运提单的含义

海运提单（Ocean Bill of Lading，简称B/L），是指用以证明货物已经由承运人接收或装船，以及承运人保证据以交付货物的单证。

2. 电放提单的含义

电放提单是指货代公司或船公司及其代理人所签发的提单及副本，由卖家/托运人向货代公司或船公司提出电放申请，并提供电放保函之后，由货代公司或船公司以电报、传真或者电子邮件形式通知目的港代理人，货物到港后，无须提供正本提单即可放货，收货人凭借"电放提单"或者身份证明即可提取货物。其缮制方法与一般提单基本一致。

电放提单和一般海运提单的区别是：电放提单上通常有"Telex Release""Surrendered"等字样。有"Surrendered"字样的电放提单，在目的港由托运人指定的收货人凭身份证明提货；而有"Telex Release"字样的电放提单，则由收货人凭"电放提单"传真件提货。

3. 海运提单的缮制

根据上述业务背景，缮制海运提单（电放提单）如下：

1. Shipper Insert Name, Address and Phone	B/L No.
NINGBO QIANHU HOME PRODUCT CO., LTD 88 QIANHU ROAD YINZHOU NINGBO CHINA	KFT2582699

中远集装箱运输有限公司
COSCO CONTAINER LINES
TLX: 33057 COSCO CN
FAX: +86(021) 6545 8984

ORIGINAL

2. Consignee Insert Name, Address and Phone

BUSA CVB CO.

NO.7859 TOM STR, TOKYO JAPAN

Port-to-Port or Combined Transport
BILL OF LADING

RECEIVED in external apparent good order and condition except as other-Wise noted. The total number of packages or unites stuffed in the container, The description of the goods and the weights shown in this Bill of Lading are Furnished by the Merchants, and which the carrier has no reasonable means Of checking and is not a part of this Bill of Lading contract. The carrier has Issued the number of Bills of Lading stated below, all of this tenor and date, One of the original Bills of Lading must be surrendered and endorsed or sig-Ned against the delivery of the shipment and whereupon any other original Bills of Lading shall be void. The Merchants agree to be bound by the terms And conditions of this Bill of Lading as if each had personally signed this Bill of Lading.

SEE clause 4 on the back of this Bill of Lading (Terms continued on the back Hereof, please read carefully).

*Applicable Only When Document Used as a Combined Transport Bill of Lading.

3. Notify Party Insert Name, Address and Phone
(It is agreed that no responsibility shall attsch to the Carrier or his agents for failure to notify)

BUSA CVB CO.

NO.7859 TOM STR, TOKYO JAPAN

4. Combined Transport * Pre - carriage by	5. Combined Transport* Place of Receipt
6. Ocean Vessel Voy. No. MARIDO MASRSK 1203	7. Port of Loading NINGBO, CHINA
8. Port of Discharge TOKYO JAPAN	9. Combined Transport * Place of Delivery

Marks & Nos. Container / Seal No.	No. of Containers or Packages	Description of Goods (If Dangerous Goods, See Clause 20)	Gross Weight Kgs	Measurement
BUSA CVB TOKYO NBQH201305 NO.1-90 COSU2265998	90CTNS	100% COTTON BLANKET **TELEX RELEASE**	1890.00KGS	13.500CBM

Description of Contents for Shipper's Use Only (Not part of This B/L Contract)

10. Total Number of containers and/or packages (in words) Subject to Clause 7 Limitation	SAY NINETY CARTONS ONLY.

11. Freight & Charges	Revenue Tons	Rate	Per	Prepaid	Collect
Declared Value Charge					FREIGHT COLLECT

Ex. Rate:	Prepaid at	Payable at TOKYO JAPAN	Place and date of issue JUNE 20,2020 NINGBO CHINA
	Total Prepaid	No. of Original B(s)/L THREE	Signed for the Carrier, COSCO CONTAINER LINES 周星 AS CARRIER

第一栏　Shipper(托运人):填写合同卖方,列明完整的名称和详细地址。

第二栏　Consignee(收货人):汇付方式下,是全部预付货款,一般填写具体的收货人;不是全部预付货款,一般填写 TO ORDER 或 TO ORDER OF SHIPPER。

第三栏　Notify Party(被通知人):这是船公司在货物到达目的港时所发送到货通知的收件人,通常是进口商或其在目的港的代理人,货到目的港时由承运人通知其办理报关提货等手续。汇付方式下,可填写合同买方。

第四栏　Pre-carriage by(前段运输):如需转运,则填写第一程船名;如不需要转运,则不需填写此栏。

第五栏　Place of Receipt(收货地点):如需转运,填写收货港口的名称或地点;如不需转运,则不需填写此栏。

第六栏　Ocean Vessel(Vog. No. 船名航次):应填写实际载货船舶的名称和本次航行的航次,没有航次的可以不填航次。如果货物需转运,填写第二程船名。

第七栏　Port of Loading(装运港):应填写实际装船港口的具体名称,不能笼统填写。

第八栏　Port of Discharge(卸货港):应填写货物实际卸下的港口的具体名称,即目的港。填写时需要注意以下2点。

(1)如需转运,则在卸货港名称之后加注转运港的名称,如:"SINGAPOR W/T HONGKONG"。

(2)如货物运至卸货港后须经内陆转运或陆运至邻国,应在填写卸货港名称后,另在货名栏下方的空白处或在唛头处加注"in transit to ***",不能加注在卸货港后,以说明卖方只负责将货物运至该卸货港,以后的转运由买方负责。

第九栏　Place of Delivery(交货地点):指联合运输终点站。本栏应是当次运输的运费截止地,如属于港至港提单,则本栏可空下。

第十栏　B/L No.(提单号码):根据实际填写提单号码,不得空下。

第十一栏　Marks & Nos./Container/Seal No.(唛头/集装箱号/封箱号):唛头按发票填写。集装箱号以及封箱号按实际情况填写。

第十二栏　No. of Containers or Packages(件数和包装种类):填写时需要注意以下3点。

(1)包装货:填写包装数量和计量单位,如"100CARTONS"。

(2)散装货:加注"IN BULK"。

(3)裸装货:应加件数,如100辆汽车,"100UNITS"。

第十三栏　Description of Goods(货名):与合同和发票一致。如发票货名过多或过细,提单可打出货物的统称,但不得与发票货名相矛盾。若需要签发人在提单上备注一些信息,或者加盖已装船章,电放章等,也可以写在货名下方。

第十四栏　Gross Weight Kgs(毛重):填写整批货物的总毛重,与装箱单上一致。

第十五栏　Measurement(尺码):填写整批货物的总尺码,与装箱单上一致。

第十六栏　Total Number of containers and/or packages (in words)(总包装数量):填写大写包装数量,与装箱单上的一致。

第十七栏　Freight and Charges(运费和费用):一般只列明运费支付情况,不列明具体金额。通常为预付或到付。填写时需要注意以下2点。

(1)CIF或CFR出口:一般均填上"运费预付"(FREIGHT PREPAID)字样,不可漏写,否则收货人会因运费问题提不到货,虽可查清情况,但拖延提货时间,也将造成损失。

（2）FOB出口：运费可填"运费到付"（FREIGHT COLLECT）字样，除非收货人委托发货人垫付运费。

第十八栏　Prepaid at（运费预付地点）：在CFR/CIF贸易术语下，此栏填写运费预付的地点。

第十九栏　Payable at（运费到付地点）：在FOB贸易术语下，此栏填写运费到付的地点。

第二十栏　Place and Date of Issue（提单的签发地点和日期）：提单的签发地点应为装运地，签发日期应为装运日期。

第二十一栏　Total Prepaid（共支付运费）：此栏可不填写。

第二十二栏　No. of Original B(s)/L（正本提单份数）：收货人凭正本提单提货。正本提单的份数按要求用大写或小写注明。每份正本提单的效力相同，若凭其中一份提货后，其余各份失效。

第二十三栏　Signed for the Carrier（签署）：提单可以由承运人或承运人代理人签发，签发提单时必须标明签发人的身份。若是承运人签发，则标明"AS CARRIER"；若是承运人代理签发，则表明"AS AGENT"。具体示例如下。

（1）承运人签字。

提单签署：CHINA OCEAN SHIPPING CO.

（签名）

AS CARRIER

（2）承运人代理签字。

提单签署：ABC SHIPPING CO.

（签名）

AS AGENT

知识链接

1."电放"的操作流程

（1）在船公司收取货物后，托运人（卖方）向船公司提出电放申请并提供保函。

（2）船公司接受申请后向托运人签发"电放提单"（在已经签发传统提单情况下，则先收回提单再签发"电放提单"）。

（3）船公司之后马上以电讯方式（包括电报、传真、电子邮件等）通知目的港船代，允许该票货物由托运人指定的收货人提货。

（4）等货物到达目的港时，收货人就可以凭身份证明或者盖章后的"电放提单"传真件向船公司提取货物。

2."电放"产生的原因

电放提单的产生主要是为了解决目的港"货到提单未到"的矛盾。提单的正常流转是以其能在货物到达目的港之前到达收货人手中为前提的。随着海运业的迅速发展，货物从装运港运输到目的港时间大大缩短，而与此同时，提单的流转速度并没有明显加快，仍需经历多次背书、结汇、检查、邮寄等环节，这样不可避免地产生了"货等单"的矛盾，这一矛盾在近洋运输中显得更加突出。在"货等单"情况下，如果坚持凭正本提单提货，势必会造成货物在目的港压船、压港，港口费用和仓储费用大幅增加，买方也失去了及时销售货物的有利商机。电放提单在这样的情况下应运而生，因此，在实际工作中，在近洋贸易及航程在一周左右的航程的贸易中，为便于买方尽早提货，经常会使用电放提单。使用"电放"放货，并非不出提单，只是不出正本提单（若已出，则一定要全套收回),而出提单副本。

4.电放提单的风险防范

作为卖家/托运人,首先,应确认货款是否安全、完整收讫。一旦货物以"电放提单"的方式提取,则卖家/托运人完全丧失对货物的物权控制,而只能通过其他方式索讨货款。其次,应与有资质、有信誉的货代/船公司合作,并时刻保持与其沟通,以便掌握货物状态。如果买方指定货代/且承运人要求使用"电放提单",则需慎之又慎。最后,针对某些特定国家(地区),因为政治及其他原因,建议拒绝采用这种方式,以避免陷入欺诈、诉讼等风险之中。

(五)电放保函

1. 电放保函的含义

电放提单时,出提单的船公司或货代为了避免电放提单所带来的风险和损失,会要求货主做出电放提单的保函,证明正本提单是货主自己放弃的,如果出现问题由货主自己负责,那么这个保函就是电放保函。

2. 电放保函的缮制

根据上述业务背景,缮制电放保函如下:

电放保函

SHPR（托运人）：NINGBO QIANHU HOME PRODUCT CO., LTD

88 QIANHU ROAD YINZHOU NINGBO CHINA

CNEE（收货人）：BUSACVB CO.

NO.7859 TOM STR, TOKYO JAPAN

VSL（船名航次）：MARIDO MASRSK 1203

B/L No.（提单号）：KFT2582699

POL（装运港）：NINGBO CHINA

POD（卸货港）：TOKYO JAPAN

ETD（预计开船日期）：2020-06-20

兹我司经中远集装箱运输有限公司装运一批货物,在此呈交该批货物全套正本提单,保证提单的背书全部连续有效,并申请无正本提单放货给以上收货人,我司将承担无正本提单放货而产生的一切风险、责任和损失。特此具结。

此致

宁波乾湖日用品有限公司

2020年6月20日

知识链接

出具电放保函后,正本提单就要交还给船公司。给客户发送提单的复印件或扫描件后,客户便可以去提货。此时,出口商要承担失去货物物权的风险,所以,一定要在保证收到货款以后再做电放。

业务拓展

宁波天泰进出口有限公司与加拿大温哥华ASADE贸易公司达成一笔男士裤子的出口交易,支付方式为后T/T,请根据相关合同及附加资料制作商业发票、装箱单、原产地证、已装船海运提单。

NINGBO TIANTAI IMP. AND EXP. CO.
SALES CONTRACT

S/C: SC468001

DATE: JUNE 30, 2020

BUYER:ASADE TRADING COMPANY

ADRESS:RM 1008-1011 101HARBOR ROAD, VANCOUVER CANADA

TEL: 507-25192334   FAX:507-25192334

SHIPPING MARK	NAME OF COMMODITY SPECIFICATION	QUANTITY	UNIT PRICE	TOTAL AMOUNT
ASADE VANCOUVER SC468001 NO.1－100	MEN'S TROUSERS ART NO.12 ART NO.13 TOTAL:	1,500PCS 2,000PCS 3,500PCS	FOB NINGBO USD20.00 USD25.00	USD30,000.00 USD50,000.00 USD80,000.00

SAY U.S. DOLLARS EIGHTY THOUSAND ONLY.

LATEST DATE OF SHIPMENT:NOT LATER THAN AUGUST 25, 2013 ALLOWING TRANSSHIPMENT

AND PARTIAL SHIPMENT.

PORT OF LOADING:NINGBO CHINA.

PORT OF DESTINATION:VANCOUVER CANADA.

INSURANCE:TO BE COVERED BY THE BUYER.

TERMS OF PAYMENT:BY T/T, PAYMENT WITHIN 5 DAYS AFTER SHIPMENT.

PACKING:TO BE PACKED IN CARTONS, 50PCS IN ONE CARTON, TOTAL 70 CARTONS.

SELLERS

宁波天泰进出口有限公司

NINGBO TIANTAI IMP. AND EXP. CO.

张开明

BUYERS

ASADE TRADING COMPANY

MIKE

附加资料：

INVOICE NO：IY20200710

G.W.：40.00KGS/CTN   N.W.：35.00KGS/CTN

提单签发单位：CHINA OCEAN AGENCY

提单签发日期：2020年8月15日

船名：BILLJIE V.998

产地证号：C203489007000501

产地证申办人：李洁

INVOICE DATE：JULY 10,2020

MEAS.(CBM)：0.300/CTN

签发人：张国民

提单号码：COS30088

集装箱号码：COSCO2678

H.S. CODE：62034

产地证签发人：周立清

COMMERCIAL INVOICE

EXPORTER		INVOICE NO.		
		DATE		
TO		S/C NO.		
		FROM TO		
MARKS	DESCRIPTION OF GOODS	QUANTITY	UNIT PRICE	AMOUNT

TOTAL AMOUNT IN WORDS:

PACKING LIST

EXPORTER			INVOICE NO.			
			DATE			
TO			S /C NO.			
			FROM TO			
MARKS	DESCRIPTION OF GOODS	QTY	PKGS	N.W.	G.W.	MEAS.

TOTAL PACKAGES IN WORDS:

ORIGINAL

1.Exporter	13. Certificate No.
2.Consignee	**CERTIFICATE OF ORIGIN** **OF** **THE PEOPLE'S REPUBLIC OF CHINA**
3.Means of transport and route	5.For certifying authority use only
4.Country / region of destination	

6.Marks and numbers	7.Number and kind of packages; description of goods	8.H.S.Code	9.Quantity	10.Number and date of invoices

11.Declaration by the exporter
   The undersigned hereby declares that the above details and statements are correct, that all the goods were produced in China and that they comply with the Rules of Origin of the People's Republic of China.
	12.Certification
	   It is hereby certified that the declaration by the exporter is correct.

-- Place and date, signature and stamp of authorized signatory	-- Place and date, signature and stamp of certifying authority

1. Shipper Insert Name, Address and Phone		B/L No.

2. Consignee Insert Name, Address and Phone

中远集装箱运输有限公司
COSCO CONTAINER LINES
TLX: 33057 COSCO CN
FAX: +86(021) 6545 8984

ORIGINAL

Port-to-Port or Combined Transport

BILL OF LADING

3. Notify Party Insert Name, Address and Phone
(It is agreed that no responsibility shall attsch to the Carrier or his agents for failure to notify)

RECEIVED in external apparent good order and condition except as other-Wise noted. The total number of packages or unites stuffed in the container, The description of the goods and the weights shown in this Bill of Lading are Furnished by the Merchants, and which the carrier has no reasonable means Of checking and is not a part of this Bill of Lading contract. The carrier has Issued the number of Bills of Lading stated below, all of this tenor and date, One of the original Bills of Lading must be surrendered and endorsed or sig-Ned against the delivery of the shipment and whereupon any other original Bills of Lading shall be void. The Merchants agree to be bound by the terms And conditions of this Bill of Lading as if each had personally signed this Bill of Lading.

SEE clause 4 on the back of this Bill of Lading (Terms continued on the back Hereof, please read carefully).

*Applicable Only When Document Used as a Combined Transport Bill of Lading.

4. Combined Transport * Pre - carriage by	5. Combined Transport* Place of Receipt
6. Ocean Vessel Voy. No.	7. Port of Loading
8. Port of Discharge	9. Combined Transport * Place of Delivery

Marks & Nos. Container / Seal No.	No. of Containers or Packages	Description of Goods (If Dangerous Goods, See Clause 20)	Gross Weight Kgs	Measurement

Description of Contents for Shipper's Use Only (Not part of This B/L Contract)

10. Total Number of containers and/or packages (in words)
    Subject to Clause 7 Limitation

11. Freight & Charges	Revenue Tons	Rate	Per	Prepaid	Collect
Declared Value Charge					

Ex. Rate:	Prepaid at	Payable at	Place and date of issue
	Total Prepaid	No. of Original B(s)/L	Signed for the Carrier,

COMMERCIAL INVOICE

EXPORTER NINGBO TIANTAI IMP. AND EXP. CO. FLOOR 3RD NO.115 MINGGUANG RD. SHOUNAN SUBDISTRICT YINZHOU NINGBO CHINA	INVOICE NO. IY20200710
	DATE JULY 10,2020
TO ASADE TRADING COMPANY	S/C NO. SC468001
RM 1008-1011 101HARBOR ROAD VANCOUVER CANADA	FROM　　NINGBO CHINA TO　　　VANCOUVER CANADA

MARKS	DESCRIPTION OF GOODS	QUANTITY	UNIT PRICE	AMOUNT
			FOB NINGBO	
ASADE VANCOUVER SC468001 NO.1—10	MEN'S TROUSERS ART NO.12 ART NO.13	1,500PCS 2,000PCS	USD20.00 USD25.00	USD30,000.00 USD50,000.00
	TOTAL:	3,500PCS		USD80,000.00

TOTAL AMOUNT IN WORDS:SAY EIGHTY THOUSAND CARTONS ONLY.

宁波天泰进出口有限公司
NINGBO TIANTAI. IMP AND EXP.CO.
张开明

PACKING LIST

EXPORTER NINGBO TIANTAI IMP. AND EXP. CO. FLOOR 3RD NO.115 MINGGUANG RD. SHOUNAN SUBDISTRICT YINZHOU NINGBO CHINA	**INVOICE NO.** IY20200710	
	DATE JULY 10, 2020	
TO ASADE TRADING COMPANY RM 1008-1011 101HARBOR ROAD VANCOUVER CANADA	**S/C NO.** SC468001	
	FROM NINGBO CHINA TO VANCOUVER CANADA	

MARKS	DESCRIPTION OF GOODS	QTY	PKGS	N.W.	G.W.	MEAS.
				KGS	KGS	CBM
ASADE VANCOUVER SC468001 NO.1—100	MEN'S TROUSERS ART NO.12 ART NO.13	1,500PCS 2,000PCS	30CTNS 40CTNS	1,050.00 1,400.00	1,200.00 1,600.00	9.000 12.000
	TOTAL:	3,500PCS	70CTNS	2,450.00 KGS	2,800.00 KGS	21.000 CBM

TOTAL PACKAGES IN WORDS: SAY SEVENTY CARTONS ONLY.

宁波天泰进出口有限公司

NINGBO TIANTAI IMP. AND EXP. CO.

张开明

外贸出口综合制单

ORIGINAL

1.Exporter NINGBO TIANTAI EXP. AND IMP. CO. FLOOR 3RD NO.115 MINGGUANG RD. SHOUNAN SUBDISTRICT YINZHOU NINGBO CHINA	13.Certificate No. C1434000000169
2.Consignee ASADE TRADING COMPANY RM 1008-1011 101HARBOR ROAD VANCOUVER CANADA	**CERTIFICATE OF ORIGIN OF THE PEOPLE'S REPUBLIC OF CHINA**
3.Means of transport and route FROM NINGBO CHINA TO VANCOUVER CANADA BY SEA	5.For certifying authority use only
4.Country / region of destination CANADA	

6.Marks and numbers	7.Number and kind of packages; description of goods	8.H.S.Code	9.Quantity	10.Number and date of invoices
ASADE VANCOUVER SC468001 NO.1-70	（70）SEVENTY CARTONS OF MEN'S TROUSERS *************************	6203	3500PCS .	IY20200710 JULY 10,2020

11.Declaration by the exporter 　The undersigned hereby declares that the above details and statements are correct, that all the goods were produced in China and that they comply with the Rules of Origin of the People's Republic of China.	12.Certification It is hereby certified that the declaration by the exporter is correct.
宁 波 天 泰 进 出 口 有 限 公 司 NINGBO TIANTAI EXP. AND IMP. CO. 李洁 NINGBO CHINA　AUG. 10, 2020 --	NINGBO CUSTOMS THE PEOPLE'S REPUBLIC OF CHINA 中华人民共和国宁波海关 周立清 NINGBO CHINA　AUG. 11, 2020 --
Place and date, signature and stamp of authorized signatory	Place and date, signature and stamp of certifying authority

1. Shipper Insert Name, Address and Phone		B/L No.

1. Shipper Insert Name, Address and Phone
NINGBO TIANTAI EXP. AND IMP. CO.
FLOOR 3RD NO. 115 MINGGUANG RD. SHOUNAN
SUBDISTRICT YINZHOU NINGBO CHINA

B/L No.
COS30088

2. Consignee Insert Name, Address and Phone

ASADE TRADING COMPANY
RM 1008-1011 101HARBOR ROAD
VANCOUVER CANADA

中远集装箱运输有限公司
COSCO CONTAINER LINES
TLX: 33057 COSCO CN
FAX: +86(021) 6545 8984

ORIGINAL

Port-to-Port or Combined Transport
BILL OF LADING

3. Notify Party Insert Name, Address and Phone
(It is agreed that no responsibility shall attsch to the Carrier or his agents for failure to notify)

ASADE TRADING COMPANY
RM 1008-1011 101HARBOR ROAD
VANCOUVER CANADA

RECEIVED in external apparent good order and condition except as other-Wise noted. The total number of packages or unites stuffed in the container, The description of the goods and the weights shown in this Bill of Lading are Furnished by the Merchants, and which the carrier has no reasonable means Of checking and is not a part of this Bill of Lading contract. The carrier has Issued the number of Bills of Lading stated below, all of this tenor and date, One of the original Bills of Lading must be surrendered and endorsed or sig-Ned against the delivery of the shipment and whereupon any other original Bills of Lading shall be void. The Merchants agree to be bound by the terms And conditions of this Bill of Lading as if each had personally signed this Bill of Lading.
SEE clause 4 on the back of this Bill of Lading (Terms continued on the back Hereof, please read carefully).
*Applicable Only When Document Used as a Combined Transport Bill of Lading.

4. Combined Transport * Pre - carriage by	5. Combined Transport* Place of Receipt
6. Ocean Vessel Voy. No. BILLJIE V. 998	7. Port of Loading NINGBO, CHINA
8. Port of Discharge VANCOUVER CANADA	9. Combined Transport * Place of Delivery

Marks & Nos. Container / Seal No.	No. of Containers or Packages	Description of Goods (If Dangerous Goods, See Clause 20)	Gross Weight Kgs	Measurement
ASADE VANCOUVER SC468001 NO. 1-70 COSCO02678	70CTNS	MEN'S TROUSERS **ON BOARD**	2800.00KGS	21.000CBM
		Description of Contents for Shipper's Use Only (Not part of This B/L Contract)		

10. Total Number of containers and/or packages (in words) SAY SEVENTY CARTONS ONLY.
Subject to Clause 7 Limitation

11. Freight & Charges	Revenue Tons	Rate	Per	Prepaid	Collect FREIGHT COLLECT
Declared Value Charge					

Ex. Rate:	Prepaid at	Payable at VANCOUNER CANADA	Place and date of issue AUG. 15, 2020 NINGBO CHINA
	Total Prepaid	No. of Original B(s)/L THREE	Signed for the Carrier, **CHINA OCEAN SHIPPING AGENCY** 张国民 **AS AGENT FOR ZHE CARRIER: COSCO**

项目二 托收项下结汇单据的制作

准备篇

一、托收的概念

按照《国际商会托收统一规则》（URC522），托收（collection）是指由接到托收指示的银行根据所收到的指示处理金融单据和/或商业单据以便取得付款或承兑，或凭付款或承兑交出商业单据，或凭其条件交出单据。托收属于商业信用。

托收方式有4个基本当事人：委托人、托收行、代收行和付款人。

委托人（principal）是开出汇票（或不开汇票）委托银行向国外付款人收款的出票人（drawer），通常就是卖方（出口商）。

托收行（remitting bank）是委托人的代理人，即接受委托人的委托转托国外银行向国外付款人代为收款的银行，通常为出口地银行。

代收行（collecting bank）是托收行的代理人，是接受托收行的委托代向付款人收款的银行，通常为进口地银行。

付款人（payer）通常就是买卖合同的买方（进口商），是汇票的受票人（drawee）。

除去以上四个基本当事人，在托收业务中，有时还可能存在以下当事人：提示行（presenting bank）、需要时的代理（principal's representative in case of need）。提示行是指向付款人提示汇票和/或单据并收取款项的银行。通常情况下，提示行是与托收行有代理关系的代收行，但当付款人与该代收行不在同一城市或者因无往来关系处理不便时，需转托与付款人在同一城市或有业务往来关系的银行代向付款人提示收款。需要时的代理是委托人指定的在付款地代为照料货物存仓、转售、运回或改变交单条件等事宜的代理人。

二、托收的种类和业务流程

托收根据出口人开具的汇票是否随附货运单据，可分为光票托收和跟单托收。

1. 光票托收：金融单据不附有商业单据的托收，即仅把金融单据委托银行代为收款。光票托收可用于货款尾数、小额货款、预付货款、分期付款、贸易从属费用和索赔款的收取。

2. 跟单托收：金融单据附带商业单据或不用金融单据的商业单据的托收。在国际贸易中，货款结算使用托收方式时，通常使用跟单托收。

跟单托收按交付货运单据条件的不同，可分为付款交单和承兑交单。

1）付款交单（documents against payment，简称D/P）是出口人的交单须以进口人的付款为条件，即出口人将汇票连同货运单据交给银行托收时，指示银行只有在进口人付清货款时才能交出货运单据。如果进口人拒付，就不能从银行取得货运单据，也无法提取单据项下的货物。

付款交单按支付时间不同又可分为即期付款交单和远期付款交单。

（1）即期付款交单（D/P at sight）是指出口人通过银行向进口人提示汇票和货运单据，进口人于见票（或见单）时即须付款，在付清货款后，领取货运单据。

即期付款交单工作流程如下：

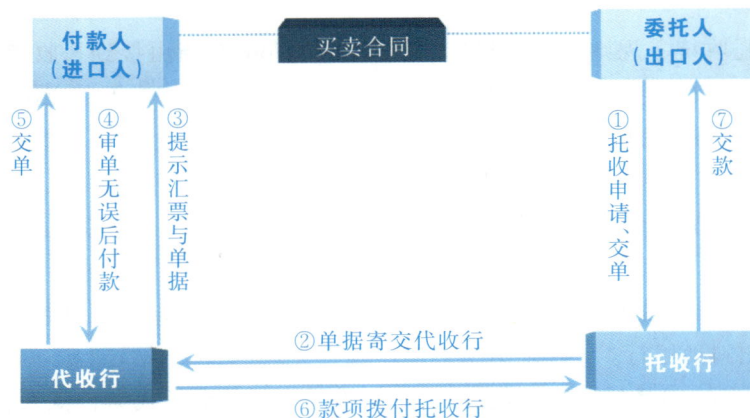

说明：

①出口人按买卖合同规定装货后，填写托收申请书，开立即期汇票，连同货运单据（或不开立汇票，仅将货运单据）交托收行委托代收货款。

②托收行根据托收申请书缮制托收委托书，连同汇票（或没有汇票）、货运单据寄交进口地代收银行委托代收。

③代收行按照委托书的指示向进口人提示汇票与单据（或仅提示单据）。

④进口人审单无误后付款。

⑤代收行交单。

⑥代收行办理转账并通知托收行款已收妥。

⑦托收行向出口人交款。

（2）远期付款交单（D/P after sight）是指出口人通过银行向进口人提示汇票和货运单据，进口人即在汇票上承兑，并于汇票到期日由代收银行再次向其提示，经付款后向代收银行取得单据的过程。在汇票到期付款前，汇票和货运单据由代收行掌握。

远期付款交单工作流程如下：

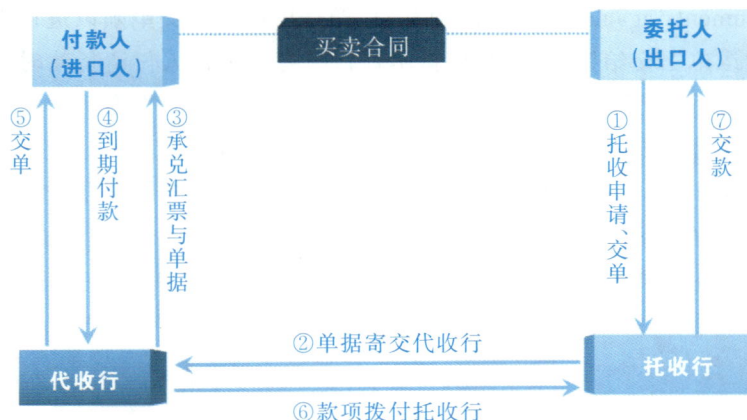

说明：

①出口人按买卖合同规定装货后，填写托收申请书，开立远期汇票，连同货运单据交托收行委托代收货款。

②托收行根据托收申请书缮制托收委托书，连同汇票、货运单据寄交进口地代收银行委托代收。

③代收行按照委托书的指示向进口人提示汇票与单据，进口人经审核无误在汇票上承兑后，代收行收回汇票和单据。

④进口人到期付款。

⑤代收行交单。

⑥代收行办理转账并通知托收行款已收妥。

⑦托收行向出口人交款。

在远期付款交单条件下，进口人为了不占用资金或减少占用资金的时间，或者为了抓住有利行市，不失时机地转售货物，而提前付款赎单又有困难，希望能在汇票到期前或在付款前先行提货，就可以要求代收银行允许其借出单据。

信托收据（trust receipt，T/R）是进口人借单时提供的一种书面信用担保文件，用以表示出具人愿意以代收银行的受托人身份代为提货、报关、存仓、保险、出售，同时承认货物的所有权仍属银行。

一般情况下代收银行自己向进口人提供的信用便利，与出口人和托收银行无关。如果在借出货运单据后，发生汇票到期不能收到货款的情况，代收银行应对出口人和托收银行负全部责任。但是，如果是出口人主动通过托收银行授权办理的，即"见票后若干天付款交单，以信托收据换取单据"（D/P at … days after sight to issue trust receipt in exchange for documents，简称D/P·T/R），那么如日后出现汇票到期收不到货款的情况，一切风险由出口人自己承担，与银行无关。

2）承兑交单（documents against acceptance，简称D/A）是指出口人的交单以进口人的承兑为条件，进口人承兑汇票后，即可向银行收取货运单据，待汇票到期日才付款。承兑交单只适用于远期汇票的托收。

承兑交单工作流程如下：

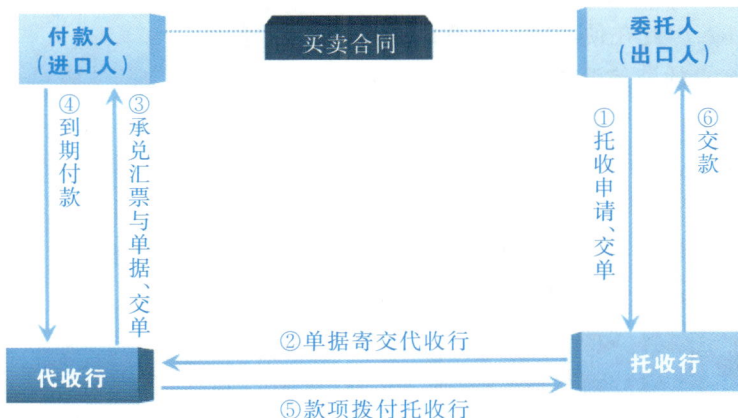

说明：

①出口人按买卖合同规定装货后，填写托收申请书，开立汇票，连同货运单据交托收行委托代收

货款。

②托收行根据托收申请书缮制托收委托书,连同汇票、货运单据寄交进口地代收银行委托代收。

③代收行按照委托书的指示向进口人提示汇票与单据,进口人经审核无误在汇票上承兑后,代收行在收回汇票的同时,将货运单据交给进口人。

④进口人到期付款。

⑤代收行办理转账并通知托收行款已收妥。

⑥托收行向出口人交款。

三、托收业务的特点

根据托收在国际贸易中的作用,总结出如下特点:

1. 托收属于商业信用,银行无检查单据内容及保证付款的责任。按照《国际商会托收统一规则》,银行在托收业务中,只提供服务,不提供信用。银行只以委托人的代理人身份行事,既无保证付款人必然付款的责任,也无检查审核货物单据是否齐全、是否符合买卖合同的义务。

2. 如遭进口人拒付,除非另有规定,银行无代管货物的义务。当发生进口人拒绝付款赎单的情况时,除非事先经托收银行委托并经代收银行同意,代收银行也无代为提货、办理进口手续和存仓保管的义务。

3. 托收对出口人来说风险较大。出口人委托银行收取的货款能否收到,全凭进口人的信用。由于货物已先期运出,一旦遭到拒付,就会使出口人陷入极为被动的境地。

4. 托收对进口人较为有利,可免去开证手续及预付押金,还有预借货运单据的便利。如果采用承兑交单条件,或在付款交单情况下利用信托收据先把单据借出,进口人还有进一步运用出口人资金的机会,或者仅凭本身的信用进行交易而无须垫付资金。

5. 托收可促进交易达成,增强出口商品的竞争能力。因为以托收方式进行结算,能起到调动进口人的经营积极性,所以被出口人用作一种非价格竞争的手段,从而达到扩大销售的目的。

四、出口人应注意的问题

托收对出口人有一定的风险,但对进口人较为有利,属于商业信用,可增强销售出口商品的竞争力,但收款却无保障,因此在使用时应注意以下问题:

1. 事先做好客户的资信调查,掌握适当的授信额度。

2. 了解进口国家的有关政策法令和商业惯例,以防发生货到后不准进口或不能及时收汇等不测。

3. 在一般情况下,应争取按CIF价格条件成交,在未付款前万一货物在途中受损,进口人可向保险公司索赔。

4. 严格按照合同规定办理出口和制作单据,以免授人以柄,借口拖延付款或拒付货款。

5. 未避免风险和损失,出口人应投保卖方利益险或出口信用险。

五、拓展与提升

1. 卖方利益险是海上货物运输保险业务中的一种特殊的独立险别,依照此种险别,在买方拒收时,保险人对被保险人卖方的利益承担责任,赔偿保险单载明承保险别的条款责任范围内的货物损失。

中国人民保险集团股份有限公司将卖方利益险列入其海洋运输货物保险条款中,在办理此项业务时,按一切险和战争险承保,被保险人卖方在货运发票上注明投保"卖方利益险",送保险公司加盖公章并填具日期,卖方缴纳保险费的费率按正常规定时保险费率的25%计收。

卖方利益险的适用与买卖双方在买卖合同中所规定的支付结算方式有着直接关系,同时也取决于双方所采用的价格条件。在托收支付方式下,由于托收属于商业信用,银行仅作为托收委托人卖方的代理人行事,不承担付款责任,卖方能否取得货款完全取决于买方信用。如果买方不付款赎单,卖方可能货款两空,风险很大,因此卖方在货物装船后直到买方付清货款前,都要关注货物安全。

2. 出口信用险是各国政府支持本国出口贸易的通行做法,也是出口企业应予充分运用的规避收汇风险的一种有效手段。

首先,出口信用险(export credit insurance)是各国政府为提高本国产品的国际竞争力,促进经济发展,以国家财政为后盾,向企业在出口贸易、对外投资和对外工程承包等经济活动中提供风险保障的一项特殊的政策性支持措施,是政府对市场经济的一种间接调控手段和补充。通过国家设立的出口信用保险机构承保企业的收汇风险补偿企业的收汇损失,可以保障企业经营的稳定性,使企业可以运用更加灵活的贸易手段参与国际竞争,不断开拓新客户、占领新市场。出口信用保险是世界贸易组织(WTO)补贴和反补贴协议原则上允许的支持出口的政策手段。

其次,在国际上,凡由官方机构承办的出口信用保险,都是以鼓励本国产品出口为宗旨的,保险办法中一般都规定,只承保全部或大部分是本国制造或生产的出口产品。在国际货物买卖中,出口信用险主要承保以商业信用方式出口的产品。比如,以付款交单、承兑交单及赊账方式作为支付条件的出口合同。出口信用险承保的风险,一般包括商业信用风险和政治风险两部分。在国际货物买卖中,前者指买方不守商业信用而造成的出口人损失,也称买方风险。政治风险是指非买卖双方能控制的买方所在国或第三国的一些政治性、行政性原因引起的卖方损失,也称为国家风险。

最后,对于我国的短期出口信用保险,根据现行的《短期出口信用保险综合保险条款》,出口企业投保短期出口信用保险综合险,保险公司对被保险人在保险单有效期内按出口合同规定的条件将货物交付承运人后,由于商业信用风险或政治风险而引起的损失负赔偿责任。所谓商业信用风险是指法院宣告买方破产,其全部或大部分资产已被接管、接收,买方已无力偿付债务;买方收货后超过付款期6个月以上仍未支付货款;买方拒收货物并拒付货款。

六、案例解析

出口人A向进口人B要求采用D/P即期结算方式出口一批货物,但进口人B不接受,建议采用D/P·T/R方式结算。由于此时国际市场上该商品处于供大于求的阶段,出口人无奈只有答应进口人的要求。待商品出口后进口人很快杳无音信。问出口人的损失由谁承担?

分析如下:

其实即期D/P或远期D/P这两种结算方式,都表示进口人必须在付清货款之后才能取得单据,提取或转售货物。

在远期付款交单的条件下,如付款日和实际到货日基本一致,则不失为对进口人的一种资金融通。如果付款日期晚于到货日期,那么此时,货物已在目的地,进口人还没赎单无法提货,确实存在货物无人监管的问题。这时,进口人为了抓住有利时机转售货物,可以采取两种做法:

其一是远期D/P下做T/R提前借单提货。

(1)如果买卖双方是以D/P·T/R方式结算成交的。说明出口人知晓并同意进口人采用T/R提前借单。即这种借单行为是出口人授权的,所以风险和损失由出口人自行承担。

(2)如果出口人没有授权代收行通过T/R方式借出单据给进口人,而是代收行擅自同意将单据借予进口商,允许其凭借信托收据借取货运单据,先行提货,于汇票到期时再付清货款。这是代收行对进口人一种资金融通的方法。即使汇票到期前进口人破产,代收行也必须付款;而D/A则是出口人给予进口人的资金融通。如果进口人在汇票到期之前破产,货款也就收不回来了。这也是远期D/P＋T/R与D/A的区别。

其二是在付款到期日之前付款赎单,扣除提前付款日至原付款到期日之间的利息,作为进口人享受的一种提前付款的现金折扣。

附件一:《国际商会托收统一规则》

(又称"国际商会第522号出版物"或"URC522")

敬请注意:本规则各条的题目、分类或标题仅用于参考之目的,只为方便或指引参照,不包含任何法律含义。

一、总则和定义

第一条:URC522之适用

(1)本国际商会第522号出版物《国际商会托收统一规则》1995年修订本,应适用于第二条界定的并在第四条"托收指示"中列明适用该项规则的所有托收项目,且除非另有明确的相反约定,或与无法规避的某一国家、政府或地方法律及/或法规相抵触,本规则对所有的当事人均具有约束力。

(2)银行没有义务必须办理某一托收或任何托收指示或以后的相关指示。

(3)如果银行无论出于何种理由选择不办理它所收到的托收或任何相关的托收指示,应毫不延误地采用电讯,或者如果电讯不可能时,采用其他快捷的工具,通知向其发出托收或指示的当事人。

第二条:托收的定义

就本规则各项条款而言:

(1)托收是指银行依据所收到的指示,处理下述第(2)款所界定的单据,以便:

    a.取得付款及/或承兑;或

    b.付款交单及/或承兑交单;或

    c.按照其他条款和条件交付单据。

(2)单据是指金融单据及/或商业单据。

    a.金融单据是指汇票、本票、支票或其他类似的可用于取得款项支付的凭证;

    b.商业单据是指发票、运输单据、所有权单据或其他类似的单据,或者不属于金融单据的任何其他单据。

(3)光票托收是指不附有商业单据的金融单据项下的托收。

(4)跟单托收是指:

    a.附有商业单据的金融单据项下的托收;

    b.不附有金融单据的商业单据项下的托收。

第三条:托收当事人

(1)就本规则各项条款而言,托收当事人有:

    a.委托人,即委托银行办理托收的当事人;

    b.托收行,即委托人委托办理托收的银行;

    c.代收行,即除托收行以外的任何参与处理托收业务的任何银行;

    d.提示行,即向付款人提示单据的代收行。

(2)付款人,即根据托收指示向其提示单据的人。

二、托收的形式和结构

第四条:托收指示

(1)a. 所有送往托收的单据必须附有一项托收指示,注明该项托收将遵循《国际商会托收统一规则》,并列出完整和明确的指示。银行只准根据该托收指示中的命令和本规则行事;

b. 银行将不会为了取得指示而审核单据;

c. 除非托收指示中另有授权,银行将不理会向其发出托收的任何当事人/银行以外的任何当事人/银行的任何指示。

(2)托收指示应当包括下述各项合适:

a. 收到该项托收的银行详情,包括全称、邮政和SWIFT地址、电传、电话和传真号码和编号;

b. 委托人的详情,包括全称、邮政地址或者办理提示的场所,以及电传、电话和传真号码(如果有的话);

c. 付款人的详情,包括全称、邮政地址或者办理提示的场所,以及电传、电话和传真号码(如果有的话);

d. 提示行(如果有的话)的详情,包括全称、邮政地址,以及电传和传真号码(如果有的话);

e. 待托收的金额和货币类型;

f. 所附单据清单和每份单据的份数;

g. i. 据以取得付款及/或承兑的条件和条款;

ii. 凭以交付单据的条件

①付款及/或承兑

②其他条件和条款

缮制托收指示的当事人应负责确保清楚无误地说明交付单据的条件,否则,银行对此所产生的任何后果将不承担责任;

h. 待收取的手续费,指明是否可以放弃;

i. 待收取的利息,如果有的话,指明是否可以放弃,包括利率、计息期、适用的计算期基数(如一年按360天还是365天计算);

j. 付款方法和付款通知的形式;

k. 发生拒绝付款、拒绝承兑及/或与其他指示不相符的情况时应给出的指示。

(3)a. 托收指示应载明付款人或将要办理提示的场所之完整地址。如果地址不全或有错误,代收银行可尽力查明适当的地址,但其本身不承担任何义务和责任。

b. 代收银行对因所提供地址不全或有误所造成的任何延误,将不承担任何责任。

三、提示的形式

第五条:提示

(1)就本规则各项条款而言,提示是指银行按照指示将单据提供给付款人的程序。

(2)托收指示应列明付款人将要采取行动的确切期限。

诸如"首先、迅速、立即"和类似的表述,不应用于指提示,或付款人赎单,或采取任何其他行动的任何期限。如果采用了该类术语,银行将不予理会。

(3)单据必须以银行收到时的形式向付款人提示,但银行经授权可以贴附任何必需的印章,并按照说明由向银行发出托收的当事人承担费用,而且银行经授权可以采取任何必要的背书或加盖橡皮戳记,或其他托收业务惯用的和必要的辨认记号或符号。

（4）为了使委托人的指示得以实现,托收行将以委托人所指定的银行作为代收行。在未指定代收行时,托收行将使用自己的任何银行,或者在付款或承兑的国家中,或必须遵守其他条件的国家中选择另外的银行。

（5）单据和托收指示可以由托收行直接或者通过另一银行作为中间银行寄送给代收行。

（6）如果托收行未指定某一特定的提示行,代办行可自行选择提示行。

第六条：即期付款/承兑

如果是见单即付的单据,提示行必须立即办理提示付款,不得延误;如果不是即期而是远期付款单据,提示行必须在要求承兑时毫不拖延地提示承兑,在要求付款时,不应晚于适当的到期日办理提示付款。

第七条：商业单据的发放

承兑交单（D/A）与付款交单（D/P）

（1）如果托收包含有远期付款的汇票,则其指示不应要求付款才交付商业单据。

（2）如果托收包含有远期付款的汇票,托收指示应说明商业单据是凭承兑（D/A）还是凭付款（D/P）发放给付款人。

若无上述说明,商业单据只能是付款放单,而代收行对由于交付单据的任何延误所产生的任何后果将不承担责任。

（3）如果托收包含有远期付款的汇票,而且托收指示表明应凭付款发放商业单据,则单据只能凭该项付款才能发放,而代收行对由于交付单据的任何延误所产生的任何结果将不承担责任。

第八条：代制单据

在托收行指示代收行或者付款人来代制托收中未曾包括的单据（汇票、本票、信托收据、保证书或其他单据）时,这些单据的格式和措辞应由托收行提供,否则,托收行对由代收行及/或付款人所提供任何该种单据的格式和措辞将不承担责任或对其负责。

四、义务和责任

第九条：诚信和合理的谨慎

银行将本着诚信的原则、尽合理的谨慎来办理业务。

第十条：单据与货物/服务/履行

（1）未经银行事先同意,货物不得直接发送到该银行地址或者以该行作为收货人,或者以该行为抬头人。

然而,如果未经银行事先同意而将货物直接发送到该银行地址,或者以该行作为收货人,或者以该行为抬头人,并请该行凭付款或承兑或凭其他条款将货物交付给付款人,该行将没有提取货物的义务,其风险和责任仍由发货方承担。

（2）即使接到特别指示,银行也没有义务对与跟单托收有关的货物采取任何行动,包括对货物进行存储和保险。银行只有在个案中、在其同意的限度内,才会采取该类行动。尽管前述第一条（3）段有不同规定,即使代收银行对此没有任何特别的通知,也适用本条规则之规定。

（3）然而,无论银行是否收到指示,银行为保护货物而采取措施时,对有关货物的结局及/或状况及/或对受托保管及/或保护货物的任何第三方的作为及/或不作为概不承担责任。但是,代收行必须毫不延误地将其所采取的措施通知向其发出托收指的银行。

（4）银行对货物采取任何保护措施所发生的任何费用及/或花销将由向其发出托收的一方承担。

(5)a.尽管有前述第十条(1)段的规定,如果货物是以代收行作为收货人或抬头人,而且付款人已对该项托收办理了付款、承兑或承诺了其他条件和条款,且代收行因此对货物的发放做了安排,则应视为托收行已授权代收行如此办理。

b.若代收行按照托收行的指示或按上述第十条(5)a段的规定安排发放货物,托收行应对该代收行所发生的全部损失和花销给予赔偿。

第十一条:对受托方行为的免责

(1)为使委托人的指示得以实现,银行使用另一银行或其他银行的服务,是该委托人代为办理的,因此,其风险由委托人承担;

(2)即使银行主动地选择了其他银行办理业务,如该行所转递的指示未被执行,做出选择的银行也不承担责任或对其负责;

(3)一方指示另一方去履行服务,指示方应受到外国法律和惯例施加给被指示方的一切义务和责任的制约,并应就有关义务和责任对受托方承担赔偿责任。

第十二条:对收到单据的免责

(1)银行必须确定它所收到的单据应与托收指示中所列内容表面相符,如果发现任何单据有短缺或非托收指示所列,银行必须以电讯方式,如果电讯方式不可能实现的话,以其他快捷的方式,通知向从发出指示的一方,不得延误。银行对此没有其他更多的责任;

(2)如果单据与所列内容表面不相符,托收行对代收行收到的单据种类和数量应不得有争议;

(3)根据第五条(3)段和上述第十二条(1)段和(2)段,银行将按所收到的单据办理提示而无须做更多的审核。

第十三条:对单据有效性的免责

银行对任何单据的格式、完整性、准确性、真实性、虚假性或其法律效力,或对在单据中载明或在其上附加的一般性及/或特殊性的条款,概不承担责任或对其负责;银行也不对任何单据所表示的货物的描述、数量、重量、质量、状况、包装、交货、价值或存在,或对货物的发运人、承运人、运输代理、收货人或保险人或其他任何人的诚信或作为及/或不作为、清偿力、业绩或信誉承担责任或对其负责。

第十四条:对单据延误、在传送中的丢失以及对翻译的免责

(1)银行对任何信息、信件或单据在传送中所发生的延误及/或丢失,或对任何电讯在传递中所发生的延误、残损或其他错误,或对技术条款的翻译及/或解释的错误,概不承担责任或对其负责;

(2)银行对由于收到的任何指示需要澄清而引起的延误,将不承担责任或对其负责。

第十五条:不可抗力

对由于天灾、暴动、战争或银行本身不能控制的任何其他原因,任何罢工或停工而使银行营业中断所产生的后果,银行不承担责任或对其负责。

五、付款

第十六条:立即付款

(1)收妥的款项(扣除手续费及/或支出及/或可能的花销)必须按照托收指示中规定的条件和条款,毫不延误地付给向其发出托收指示的一方;

(2)尽管有第一条(3)段的规定,除非另有指示,代收行仅向托收行汇付收妥的款项。

第十七条:以当地货币支付

如果单据是以付款地国家的货币(当地货币)付款,除托收指示另有规定外,提示行必须凭当地货币付款,发放单据给付款人,只要该种货币按托收指示规定的方式就能够随时处理。

第十八条：用外币付款

如果单据是以付款地国家以外的货币(外汇)付款,除托收指示中另用规定外,提示行必须凭指定的外币付款,发放单据给付款人,只要该外币按托收指示规定就能够立即汇出。

第十九条：部分付款

(1)光票托收时,只有在付款地现行法律准许部分付款的条件和限度内,才能接受部分付款。只有在全部货款已收妥的情况下,才能将金融单据发放给付款人。

(2)跟单托收时,只有在托收指示有特别授权的情况下,才能接受部分付款。然而,除非另有指示,提示行只能在全部货款已收妥后才能将单据交与付款人,并对由此所引起的延迟交单所产生的后果不承担责任。

(3)在任何情况下,部分付款只有在符合第十七条或第十八条中的相应规定时将会被接受。

如果接受部分付款,将按照第十六条的规定办理。

六、利息、手续费和费用

第二十条：利息

(1)如果托收指示中规定必须收取利息,但付款人拒付该项利息,提示行可根据具体情况在不收取利息的情况下凭付款或承兑或其他条款和条件交付单据,除非适用第二十条(3)段之规定。

(2)如果要求收取利息,托收指示中应明确规定利率、计息期和计息基础。

(3)如托收指示中明确地指明利息不得放弃,但付款人拒付该利息,提示行则不交付单据,并对由此所引起的延迟交单所产生的后果不承担责任。

当利息已被拒付时,提示行必须以电讯的方式(当不可能时可用其他便捷的方式时),通知向其发出托收指示的银行,不得延误。

第二十一条：手续费和费用

(1)当托收指示中规定收取手续费及/或费用须由付款人承担,而后者拒付时,提示行可以根据具体情况,在不收取手续费及/或费用的情况下凭付款或承兑或其他条款和条件交付单据,除非适用第二十一条(2)段之规定。

当放弃以这种方式支付托收手续费及/或费用时,该项费用应由发出托收的一方承担,并可从货款中扣减。

(2)当托收指示中明确指明手续费和(或)费用不得放弃而付款人又拒付该项费用时,提示行将不交付单据,并对由此所引起的延误所产生的后果不承担责任。当该项费用已被拒付时,提示行必须以电讯的方式(当不可能时可用其他便捷的方式时),通知向其发出托收指示的银行,不得延误。

(3)在任何情况下,若托收指示中清楚地规定或根据本规则具体规定,支付款项及/或费用及/或托收手续费应由委托人承担,代收行应有权从向其发出托收指示的银行立即收回所支出的有关支付款、费用和手续费,而托收行不管该托收结果如何,应有权向委托人立即收回它所付出的任何金额,连同它自己的支付款、费用和手续费。

(4)银行对向其发出托收指示的一方保留要求事先支付手续费及/或费用的权利,以补偿其拟执行任何指示的费用支出,在未收到该项款项期间,有保留不执行该项指示的权利。

七、其他条款

第二十二条：承兑

提示行有责任确保汇票承兑形式看来是完整和正确的,但是,对任何签字的真实性或签署承兑的任何签字人的权限不负责任。

第二十三条：本票和其他凭证

提示行对在本票、收据或其他凭证上任何签字的真实性或签字人的权限不负责任。

第二十四条：拒绝证书

托收指示对发生拒绝付款或拒绝承兑时的有关拒绝证书应有具体的指示（或代之以其他法律手续）。

当无此项具体指示，与托收有关的各银行在遭到拒绝付款或拒绝承兑时，无义务做出拒绝证书（或代之以其他法律手续）。

银行由于办理拒绝证书或其他法律手续而发生的手续费及/或其他费用概由向其发出托收指示的一方承担。

第二十五条：需要时的代理

如果委托人指定一名代表作为拒绝付款及/或拒绝承兑时的代理人，托收指示中应清楚地、详尽地指明该代理人的权限。如无此项指示，银行对需要时的代理人的指示可以不受理。

第二十六条：通知

代收行应按下列规则通知托收结果：

（1）通知方式

代收行对向对其发出托收指示的银行送交的所有通知和信息，必须载明必要的详细内容，在任何情况下，都应包括后者在托收指示中列明的编号。

（2）通知的方法

托收行有责任就各种通知的具体方法向代收行发出指示，不同通知详见本款（3）a，（3）b和（3）c段的内容。如无该项指示，代收行将自行选择通知方法，寄送有关通知，而其费用应由向其发出托收指示的银行承担。

（3）a. 付款通知

代收行必须毫无延误地将付款通知交发给向其发出托收指示的银行，详细列明有关金额或收妥金额、扣减的手续费及/或支付款及/或费用（如适当），以及资金的处理方式。

b. 承兑通知

代收行必须无延误地将承兑通知发送向其发出托收指示的银行。

c. 拒绝付款或拒绝承兑的通知

提示行应尽力查明拒绝付款或拒绝承兑的原因，并相应地通知向其发出托收指示的银行，不得延误。

提示行应毫无延误地将拒绝付款及/或拒绝承兑的通知发送给向其发出托收指示的银行。

收到该通知后，托收行必须就进一步处理单据发出适当的指示。如在发出拒绝付款及/或拒绝承兑通知后60天内，提示行未收到该项指示，可将单据退回向其发出托收指示的银行，而提示行方面不承担任何其他责任。

附件二：《国际商会托收统一规则》（URC522）简介

《国际商会托收统一规则》（ICC Uniform Rules for Collections）现行版本为国际商会第522号出版物（ICC Publication No.522），以下简称URC522，于1996年1月1日起正式实施，全文共26条，分为总则、托收的形式和结构、提示方式、义务和责任、付款、利息和手续费及其他费用、其他规定共7个部分。以下简要介绍其主要内容：

① 凡在托收指示书中注明按URC522行事的托收业务,除非另有明文规定或与一国、一州或地方不得违反的法律、法规相抵触,本规则对有关当事人均具有约束力。

② 银行应以善意和合理的谨慎行事。其义务就是严格按托收指示书的内容与URC522办理。如银行决定不受理所收到的托收或其相关指示,必须用电讯方式,不可能时则用其他最快捷方式,通知发出托收指示书的一方。

③ 银行必须确定所收到的单据与托收指示书中所列的完全一致,当单据减少或发现与托收指示书中所列的单据不一致时,必须毫不延迟地用电讯或其他快捷方式通知发出托收指示书的一方。除此之外,银行没有进一步审核单据的义务。银行对单据的形式、完整性、准确性、真实性或法律效力,或对单据上规定的或附加的条件概不负责;银行对单据所代表的货物描述、数量、重量、质量、状况、包装、交货、价值或存在,或对单据有关当事人或其他任何人的诚信或信誉、行为、偿付能力、履行能力,以及对由于任何通知、信件或单据在寄送途中的延误、丢失所引起的后果,或由于电讯传递的延误、残缺或其他错误,或对专门术语在翻译或解释上的错误,也不承担义务或责任。

④ 除非事先征得银行同意,货物不应直接运交银行,也不应以银行或其指定人为收货人。如果擅自这样做,银行无提货义务,其风险及责任由发货人承担。

⑤ 托收不应含有凭付款交单商业单据指示的远期汇票。如果托收含有远期付款的汇票,该托收指示书中应注明商业单据是凭承兑交付(D/A)还是凭付款交付(D/P)。如无此注明,商业单据仅能凭付款交付,代收行就因迟交单据而产生的任何后果不负责任。

⑥ 如委托人指定一名代表,在其遭到拒绝付款和或拒绝承兑时,作为需要时的代理,则应在托收指示书中明确且完整地注明该代理人的权限。如无此注明,银行将不接受该代理人的任何指示。

⑦ 托收如被拒绝付款或拒绝承兑,提示行必须毫不迟延地向发出托收指示书的银行送交拒绝付款或拒绝承兑的通知。委托行收到此项通知时,必须对单据处理给予相应的指示。提示行如在发出上项通知后60天以内仍未收到此项指示,可将单据退回发出托收指示书的银行,而不负任何责任。

此外,URC522还对托收费用、部分付款、拒绝证明、托收情况的通知等问题也做了具体规定。

《国际商会托收统一规则》是国际商会制定的有重要影响的规则。自公布实施以来,对减少当事人之间在托收业务中的纠纷和争议起了较大的作用,被各国银行普遍采用,但由于它只是一项国际惯例,所以只有在托收指示书中约定按此行事时,才对当事人有约束力。

操作篇

业务背景

宁波乾湖日用品有限公司和马来西亚的 TNNOTECH PRECISION COMPONENTS(M) SDN BHD 达成一笔10000条厨房地垫(KITCHEN MATS)的交易,双方以CFR条件成交,付款方式为即期D/P,并于2020年6月25日签订了合同。

NINGBO QIANHU HOME PRODUCT CO.,LTD

88 QIANHU ROAD,YINZHOU, NINGBO,CHINA

SALES CONFIRMATION

NO.:FHJ071008

DATE:JUN.25,2020

Buyer：TNNOTECH PRECISION COMPONENTS(M) SDN BHD

Address：7&9 JALAN ASAS MURNI KAWASAW

14000 BOKIT MEPTAIAN MALAYSIA

TEL：60124089983　　FAX：60124089954

The undersigned Sellers and Buyers have agreed to close the following transaction according to the terms and conditions stipulated below：

NAME OF COMMODITY AND SPECIFICATION	QUANTITY	UNIT PRICE	AMOUNT
P.O NO.:11234 100% POLYESTER KITCHEN MATS GREE 15*25CM	40,000PCS	CFR PENENG USD0.20/PC	USD8,000.00
P.O NO.:11234 100% POLYESTER KITCHEN MATS PINK 15*25CM	40,000PCS	USD0.20/PC	USD8,000.00
P.O NO.:11223 100% POLYESTER KITCHEN MATS GREE 25*25CM	20,000PCS	USD0.35/PC	USD7,000.00
		TOTAL VALUE:	USD23,000.00

TIME OF SHIPMENT：TO BE EFFECTED BEFORE THE END OF AUG., 2020 WITH PARTIAL SHIPMENT PROHIBITTED AND TRANSHIPMENT ALLOWED.

PORT OF LOADING：NINGBO,CHINA.

PORT OF DESTINATION：PENENG, MALAYSIA.

PATMENT：TO BE MADE BY COLLECTION, DOCUMENTS AGAINST PAYMENT AT SIGHT.

PACKING:20 PCS/BOX ,10 BOXES/CARTON.

DOCUMENTS REQUIRED:1. COMMERCIAL INVOICE 2. PACKING LIST 3. FORM E 4. BILL OF LADING 5. SHIPPING ADVICE

MARKING：PENENG

　　　　　　P.O. NO.

　　　　　　CTN NO.

INSPECTION:THE INSPECTION CERTIFICATE OF QUALITY/WEIGHT ISSUED BY CCIB SHALL BE TAKEN AS BASIS FOR THE SHIPPING QUALITY/WEIGHT.

CLAIM: ANY CLAIM BY THE BUYER CONCERNING THE GOODS SHIPPED HEREUNDER SHALL BE FILED WITHIN 30 DAYS AFTER THE ARRIVAL OF THE GOODS AT THE PORT OF DESTINATION AND SUPPORTED BY A SURVEY REPORT BY A SURVEYOR APPROVED BY THE SELLER FOR THE SELLER'S EXAMINATION.IN NO EVENT SHALL THE SELLER BE LIABLE FOR INDIRECT OR CONSEQUENTIAL INSURANCE COMPANY, SHIPPING COMPANY, TRANSPORTATION ORGANIZATION AND/OR POST OFFICE WILL NOT BE ENTERTAINED BY THE SELLER.

THE SELLER　　　　　　　　　　　　THE BUYER

NINGBO QIANHU HOME PRODUCT CO.,LTD　　TNNOTECH PRECISION

　　　　　　　　　　　　　　　　　COMPONENTS(M) SDN BHD

💧 业务目标

1.熟悉外贸合同的格式,理解合同内容。了解托收结汇方式,掌握托收方式下的D/P与D/A方式的区别。

2.认识和掌握各类单据包括商业发票(COMMERCIAL INVOICE)、装箱单(PACKING LIST)、产地证(FORM E)、提单(B/L),以及装船通知(SHIPPING ADVICE)的格式和内容。

3.掌握在托收结汇方式下,根据外贸合同,缮制发票(COMMERCIAL INVOICE)、装箱单(PACKING LIST)、产地证(FORM E)、提单(B/L),以及装船通知(SHIPPING ADVICE)等单据的方法。

💧 业务操作

一、业务分析

1.乾湖公司与马来西亚 TNNOTECH PRECISION COMPONENTS(M) SDN BHD 公司达成交易。根据合同要求,需要出口人制作一套结算单据,包括发票(COMMERCIAL INVOICE)、装箱单(PACKING LIST)、产地证(FORM E)、提单(B/L),以及装船通知(SHIPPING ADVICE)。

2.托收是宁波外贸企业对外贸易中较常用的支付方式,特别适合中小外贸企业。

3.托收是后收汇的商业信用证,相对来说出口人承担较大的收汇风险,所以在贸易术语的选择上尽量避免使用不容易掌握货权的FOB/FCA贸易术语。

4. 就承兑交单(D/A)、即期付款交单(D/P at sight)、远期付款交单(D/P AFTER SIGHT)而言，即期付款交单(D/P at sight)出口人承担风险相对最小,在出口交易中托收方式结汇下应尽量争取该种付款方式。

5. 出口到东盟国家(印度尼西亚、马来西亚、菲律宾、新加坡、泰国、文莱、越南、老挝、缅甸和柬埔寨)时,可以提供FORME优惠原产地证证书,利于进口人在进口清关时享受优惠关税。

二、制单业务

发票号码:NBQH368

发票时间:AUG. 15,2020

P.O. NO.:11234　NW/GW：13KGS/14KGS　MEA 31*26*50CM

P.O. NO.:11223 NW/GW：17KGS/18KGS　MEA 51*26*50CM

产地证号码:E143805008100098

原产地标准:"PE"

H.S. CODE 960310

海运费:USD500

产地证申报员:蔡宝力

船名航次:MARIDO MASRSK 1203

B/L NO.: NGBTLLE02968

B/L DATE: AUG.25,2020

提单签发人:NINGBO FOREIGN SHIPPING AGENT COMPANY周星

出口企业有权签字人:何一山

(一)商业发票

1. 发票含义

商业发票(Commercial Invoice)简称发票,是卖方向买方开立的发货价目清单,是装运货物的总说明。商业发票全面反映了交付货物的状况,商业发票是出口交易中最重要的单据之一,也是全套出口单据的核心。在出口业务中,由出口企业自行缮制签发商业发票,无统一格式,但包含的栏目大致相同,主要包括买卖双方信息、发票字样、发票号码、合同号码、商品名称、规格、数量、单价、总价、装运港和目的港等。

在实际工作中,出口人会根据需要制作若干份商业发票,比如:用于让客户付预付款的据合同数量缮制的商业发票,用于报关的描述相对简单的报关用发票,装船后根据实际数量出具的最终的商业发票。

2. 发票缮制

结合上述业务背景,宁波乾湖日用品有限公司缮制的商业发票如下:

1.SELLER NINGBO QIANHU HOME PRODUCT CO., LTD 88 QIANHU ROAD YINZHOU NINGBO CHINA	**COMMERCIAL INVOICE**		
2.BUYER INNOTECH PRECISION COMPONENTS (M) SDN BHD 7&9 JALAN ASAS MURNI KAWASAW 14000 BOKIT MEPTAIAN MALAYSIA	3.INVOICE NO.: NBQH368		4.INVOICE DATE: AUG. 15, 2020
	5. S/C NO.: FHJ071008		6.S/C DATE: JUN 25, 2020

7.FROM: NINGBO, CHINA	7.TO: PENENG, MALAYSIA	8.SHIPPEDBY: MARIDO MASRSK1203	9.PAYMENT TERMS: D/P AT SIGHT

10.MARKS	11.DESCRIPTION OF GOODS	12.QUANTITY	13.UNIT PRICE	14.AMOUNT
PENENG P.O. NO. CTN NO.	P.O. NO.: 11234 100% POLYESTER KITCHEN MAT GREE 15*25CM	40, 000PCS	CFR PENENG USD0. 20/PC	USD8, 000. 00
	P.O. NO.: 11234 100% POLYESTER KITCHEN MAT PINK 15*25CM	40, 000PCS	USD0. 20/PC	USD8, 000. 00
	P.O. NO.: 11223 100% POLYESTER KITCHEN MAT GREE 25*25CM	20, 000PCS	USD0. 35/PC	USD7, 000. 00
15.TOTAL:		100000PCS		USD23000. 00

16.TOTAL AMOUNT IN WORDS: SAY   U. S. DOLLARS TWENTY-THREE THOUSAND ONLY.

17. 宁波乾湖日用品有限公司

NINGBO QIANHU HOME PRODUCT CO., LTD

何一山

第一栏 Seller(出口商):填写出口商(合同卖方)全名和详细地址,必须与合同一致。

第二栏 Buyer(进口商):此栏为商业发票的抬头。填写合同买方,列明完整的名称和详细地址。

第三栏 Invoice No.(发票号码):填写商业发票的号码。商业发票的号码通常由卖方统一编制,一般采用字符加顺序号的形式,以便查对。

第四栏 Invoice Date(发票日期)发票的制作日期。商业发票的日期是所有单据中出单日期最早的,通常在签订合同或备妥货物后开立。一般情况下商业发票应该在报关前完成,也就是要在出货日的3天之前完成;需要商检的产品,应该在报检前完成,大概在出货前15天左右。

第五栏 S/C No.(合同号码):填写买卖双方订立的合同号码。

第六栏 S/C Date(合同日期):填写买卖合同日期。

第七栏 From ... To...(从……到……):装运港和目的港的名称,填写时需要注意:

(1)装运港和目的港应填写具体港口名称,不能笼统(以国家名称)表示,如CHINA。

(2)如货物需转运,转运地点也应明确表示,如from Ningbo China to London British W/T Hong Kong China。

(3)如遇有重名的港口,必须加写国家的名称。

第八栏 Shipped By(运输工具):填写运输工具的航次、名称。

第九栏 Payment Terms(支付方式):填写支付方式。

第十栏 Shipping Marks(唛头):卖方自行设计的或买方规定的运输标志,即唛头,填写时需注意:

(1)如果合同中规定了具体唛头,则按合同填写。

(2)如果合同中没有规定唛头,卖方可以自行设计,唛头一般以简明、易于识别为原则,内容主要由买方名称的缩写、合同号(或发票号)、目的港,以及件号这几个部分组成。

(3)如果合同中没有规定唛头,也可以用No Mark或N/M来表示无唛头,此栏不得空下。

第十一栏 Description of Goods(货物描述):列出货物的具体名称和规格。汇付方式下,发票对货物描述内容可以按照合同的规定结合实际情况来填写。

第十二栏 Quantity(数量):根据合同填写货物的实际数量。

第十三栏 Unit Price(单价):单价的填写应包含4个组成部分,即计价货币、单位金额、计量单位和贸易术语。单价要正确填写,不得遗漏。

第十四栏 Amount(总值):发票的总值是发票的重要项目,必须准确计算,正确填制,并认真复核,特别要注意小数点的位置是否正确,单价和数量的横乘、竖加是否有矛盾。当总值为整数时,仍然需要保留2位小数。

第十五栏 Total Quantity/Total Amount(总数量和总价):填写商品的总数量和货物总价。

第十六栏 Total Amount in Words(总值):发票总值的英文大写,描述时应以SAY开头,紧跟货币名称和具体金额数字,并以ONLY结尾:

(1)总值为整数,例如USD5,200.00,大写应表示为"SAY U.S. DOLLARS FIVE THOUSAND TWO HUNDRED ONLY";

(2)总值若有小数,例如USD5,200.50,大写应表示为"SAY U.S. DOLLARS FIVE THOUAND TWO HUNDRED AND CENTS FIFTY ONLY"。

第十七栏 Signature(卖方签章):本栏为发票的签署,包括中英文对照的扁章和卖方有权签字人的手签章。

缮制发票时还应注意以下问题:

（1）如果以影印、自动或电脑处理或复写方法制作的发票作为正本者,应在发票上注明"ORIGINAL"（即正本)字样,并由出单人签字。

（2）提交的份数应按合同规定,如果没有特殊要求,其中一份必须是正本。

（3）若有更正处,发票的更正处应盖有签发人的更正章。

(二)装箱单

1. 装箱单含义

装箱单（Packing List)又称重量单、尺码单,是商业发票的一种补充单据。通过对商品的包装件数、规格、唛头、重量等项目的填制,阐明商品的包装情况,便于买方对进口包装及数量、重量等信息的了解和掌握,也便于买方在货物到达目的港时,提供给海关检查和核对货物。

2. 装箱单缮制

结合上述业务背景,宁波乾湖日用品有限公司缮制的装箱单如下:

PACKING LIST

1.SELLER:			
NINGBO QIANHU HOME PRODUCT CO., LTD			
88 QIANHU ROAD YINZHOU NINGBO CHINA			

3..INVOICE NO:	4.DATE:
NBQH266	AUG. 5，2020

5.S/C NO:	6.S/C DATE:
FHJ071008	JUN.25,2020

2.BUYER：
INNOTECH PRECISION COMPONENTS(M) SDN BHD
7&9 JALAN ASAS MURNI KAWASAW
14000 BOKIT MEPTAIAN MALAYSIA

7.MARKS & NOS.
PENENG
P. O. NO
CTN NO.

8.FROM:	8.TO:	9.SHIPPED BY:
NINGBO CHINA	PENENG, MALAYSIA	MARIDO MASRSK 1203

10. C/NOS.	11. NO.& KIND OF PKGS	12. ITEM	13. QUANTITIY	14. G.W.	15. N.W.	16. MEAS.
			PCS	KGS	KGS	CBM
NO.1—200	200CTNS	P.ONO:11234 100% POLYESTER KITCHEN MAT GREE 15*25CM	@200 40,000	@14.00 2,800.00	@13.00 2,600.00	@31*26*50CM 8.060
NO.201—400	200CTNS	P.O NO:11234 100% POLYESTER KITCHEN MAT PINK 15*25CM	@200 40,000	@14.00 2,800.00	@13.00 2,600.00	@31*26*50CM 8.060
NO.401—500	100CTNS	P.O NO:11223 100％POLYESTER KITCHEN MAT GREE 25*25CM	@200 20,000	@18.00 1,800.00	@17.00 1,700.00	@51*26*50CM 6.630
17. TOTAL：500CTNS			100,000PCS	7,400.00KGS	6,900.00KGS	22.750CBM

18. TOTAL PACKAGES(IN WORDS)：SAY FIVE HUNDRED CTNS ONLY

19. 宁波乾湖日用品有限公司
NINGBO QIANHU HOME PRODUCT CO.,LTD
何一山

第一栏　Seller（出口公司中英文名称和详细地址）：填写合同卖方的全名和详细地址，必须与合同一致。与发票上同一栏相同。

第二栏　Buyer（进口公司的名称和地址）：填写合同买方完整的名称和详细地址。与发票上同一栏相同。

第三栏　Invoice No.(发票号码)：填写商业发票的号码。

第四栏　Date(装箱单日期)：填写商业发票的制作日期。

第五栏　S/C No.(合同号码)：填写买卖双方订立的合同号码。

第六栏　S/C Date(合同日期)：填写买卖合同日期。

第七栏　Marks & No.（唛头）：与发票一致，有的注明实际唛头，有时也可只注明"AS PER INVOICE NO.XXX"。

第八栏　From...To...（从……到……）：装运港和目的港的名称，填写时需要注意以下3点。

(1)装运港和目的港应填写具体港口名称，不能笼统表示，如"CHINA"。

(2)如货物需转运，转运地点也应明确表示，如 from Ningbo China to London British W/T Hong Kong China。

(3)如遇有重名的港口，必须加打其所在国家的名称。

第九栏　Shipped By(运输工具)：按实际情况填写运输工具的名称和航次。

第十栏　C/NOS.(件号)：即货物包装的每件顺序号，如NO.1—10。

第十一栏　NO.&KIND OF PKGS(包装的形式和总件数)：如100CTNS。

第十二栏　Item(货物项目)：填写货物的名称和规格。

第十三栏　Quantity(数量)：填写货物计价的数量，如件、台、套等。

第十四栏　G.W.(毛重)：填写每个包装件的重量和货物的总重量，单位用千克(kg)，保留2位小数。

第十五栏　N.W.(净重)：填写每个包装件货物的净重和货物总净重，单位用千克(kg)，保留2位小数。

第十六栏　Meas.(尺码)：填写每个包装件的长、宽、高和总件数的体积，单位用立方米(CBM)，保留3位小数。

第十七栏　Total(总数)：相对应地填写商品的最大包装总数、总数量、总毛重和净重，以及货物的总体积。

第十八栏　Total Packages (in Words)(总包装数)：填写总包装数的大写，描述时应以SAY开头，紧跟具体包装数量以及包装单位并以ONLY结尾，如SAY ONE HUNDRED CARTONS ONLY。

第十九栏　Signature(卖方签章)：本栏为发票的签署，包括中文对照的扁章和卖方有权签字人的手签章。

缮制装箱单时还应注意以下问题：

(1)装箱单据一般不应显示货物的单价和总值，因为买方把货物转售给第三方时，只要交付包装单和货物，不愿泄露其购买成本。

(2)若买方要求做成中性装箱单时，装箱单上不应显示卖方名称，也不得签章。

(3)数量的表达：装箱单要体现货物的包装情况，一般包括计价单位的数量(Quantity)，即内包装、小包装的数量，以及运输包装(Package)即外包装、大包装的数量，若包装单据里只有一个包装数量，即Quantity 或者Package，一般显示为运输包装的数量。

(4)装箱单作为发票的附属单据，填写时应注意与发票内容的一致性。

(5)装箱单的出单日期应不迟于发票日期或与发票日期相同。

> **知识链接**
>
> 根据不同商品有不同的包装单据,除了上述介绍的"装箱单(Packing List/Packing Slip)"常用的还有以下几种:
>
> 1. 重量单(Weight List/Weight Note)
>
> 重量单是详细记载货物重量情况的包装单据。除装箱单上的内容外,重量单上必须尽量清楚地列明每件货物的毛重、净重以及总的毛重和净重情况,供买方安排运输、存仓时参考。
>
> 2. 尺码单(Measurement List)
>
> 尺码单是一种偏重于说明货物每件的尺码和总尺码的包装单据,它是在装箱单的基础上再重点说明每件、每种规格项目的尺码和总尺码,如果包装内不是统一尺码的货物则应逐一加以说明。
>
> 3. 磅码单(Weight Memo)
>
> 磅码单是在装箱单的基础上再重点说明每件货物、每种规格项目的重量、尺码和总重量、总尺码的包装单据,是商业发票的一种补充单据,是买方收货时核对货物的品种、花色、尺寸、规格和海关验收的主要依据。如果包装内不是统一尺码的货物则应逐一加以说明。
>
> 4. 花色搭配单(Assortment List)
>
> 花色搭配单是在装箱单的基础上重点体现每个包装的细节以及花色搭配等。
>
> 5. 详细装箱单(Detailed Packing List)
>
> 详细装箱单是在装箱单的基础上再重点说明每件包装的装箱明细,包括每个包装的毛重、净重、尺码及所装货物的内容。

(三)中国-东盟自由贸易区优惠原产地证明书

1. 产地证FORM E含义

中国—东盟自由贸易区优惠原产地证明书(ASEAN-CHINA FREE TRADE AREA PREFERENTIAL TARIFF CERTIFICATE OF ORIGIN FORM E),简称东盟证书(FORM E)。FORM E证书的签发,限于已公布的《货物贸易协定》项下给予关税优惠的产品,这些产品必须符合《中国-东盟自由贸易区原产地规则》。证书内容以英文填写。

2. 产地证FORM E缮制

结合上述业务背景,缮制产地证FORM E如下:

1. Products consigned from (Exporter's business name, address, country) NINGBO QIANHU HOME PRODUCT CO., LTD 88 QIANHU ROAD YINZHOU NINGBO CHINA	13. Reference No. E143805008100098

<table>
<tr><td>2. Products consigned to (Consignee's name, address, country)

INNOTECH PRECISION COMPONENTS(M) SDN BHD
7&9 JALAN ASAS MURNI KAWASAW
14000 BOKIT MEPTAIAN MALAYSIA</td><td rowspan="2">ASEAN-CHINA   FREE TRADE AREA
PREFERENTIAL TARIFF
CERTIFICATE OF ORIGIN
(Combined declaration and certificate)

FORM E

Issued in   THE PEOPLE'S REPUBLIC OF CHINA
(country)

See overleaf Notes</td></tr>
<tr><td>3   Means of transport and route (as far as known)

Departure date AUG. 25, 2014

Vessel's name/Aircraft etc. MARIDO MASRSK 1203

Port of Discharge PENENG, MALAYSIA</td></tr>
</table>

4. For official use

☐ Preferential Treatment Given

☐ Preferential Treatment Not Given（Please state reason/s）

Signature of Authorised Signatory of the Importing Party

5. Item number	6. Marks and numbers on packages	7. Number and Type of packages,description of products (including quantity where appropriate and HS number of the importing Party)	8. Origin criteria (see overleaf Notes	9. Gross weight or other quantity and value(FOB)	10. Number and date of invoices
1	PENENG P. O. NO CTN NO.	FIVE HUNDRED(500) CTNS OF KITCHEN MAT H.S. CODE 9603.10 *** *** *** *** *** *************	"PE"	7,400.00kgs USD2,2500.00	NBQH266 AUG. 5, 2020

11. Declaration by the exporter	12. Certification
The undersigned hereby declares that the above details and statements are correct, that all the products were produced in **CHINA** (country) and that they comply with the origin requirements specified for these products in the Rules of Origin for the ACFTA for the products exported to **MALAYSIA** (Importing Country) 蔡宝力（手签） NINGBO CHINA AUG. 25, 2020 --- Place and date, signature of authorised signatory	It is hereby certified, on the basis of control carried out, that the declaration by the exporter is correct. NINGBO CUSTOMS THE PEOPLE'S REPUBLIC OF CHINA 张美娜（手签） NINGBO CHINA AUG. 25, 2020 --- Place and date, signature and stamp of certifying authority

☐ Issued Retroactively   ☐ Exhibition
☐ Movement Certificate   ☐ Third Party Invoicing

第一栏 Products consigned from（Exporter's business name，address，country）（出口商的名称、地址、国家）：此栏应填报在中国境内的出口商详细地址，且应与在检验检疫机构注册时的名称和地址相同。注意：此栏不得出现中国香港、中国台湾等的中间商名称。

第二栏 Products consigned to（Consignee's name，address，country）（收货人名称，所在地址、国家名称）：填写收货人合法的全称，所在地址和国家名称。此栏填写时需注意以下3点。

（1）最终受货人不明确时该栏可以填写"TO ORDER"。

（2）签证国家有文莱、柬埔寨、印度尼西亚、老挝、马来西亚、缅甸、菲律宾、新加坡、泰国、越南。

（3）如证书产品包含一个以上的生产商，应全部列出。如出口人希望对该信息保密，可填写"应要求提供给主管政府机构"（AVAILABLE TO THE COMPETENT GOVERNMENT AUTHORITY UPON REQUEST）。如生产商与出口人相同，应填写"同上"（SAME）。如生产商与出口人不同，且所填生产商内容不能确定企业性质的，须提供生产商营业执照备查。

第三栏 Means of transport and route（as far as known）（交通方式与路线）：填写离港日期、运输工具号、装货港和卸货港。离港日期前可加打"ON"或"ON/AFTER"表示确切的出货日期或随后几天可能的出货日期。运输工具号不详，可简单打运输方式，如"BY SEA"或"BY AIR"。装货港必须是国内港口，经香港转口的可打比如"SHENZHEN CHINA VIA HONGKONG CHINA"。卸货港必须是东盟进口国的港口。

第四栏 For official use（主要指供官方使用）：此栏由进口国海关标注产品享受关税优惠情况，例：根据中国-东盟自由贸易区优惠关税协议给予优惠待遇；不给予优惠待遇（请注明原因）进口国有权签字人签字。不论是否给予优惠待遇，进口国海关必须在第四栏做出相应的标注。进口国海关在该栏注明根据协定是否给予优惠。

第五栏 Item Number（货物编号）：按顺序填写货号编号，最多不得超过20项。如多于20项应另申请一份证书。

第六栏 Marks and numbers on Packages（包装上的运输唛头及编号）：填写包装上的运输唛头及编号。填写时需注意以下4点。

（1）此栏的唛头应与实际货物外包装上的唛头及发票上的唛头一致，填打完整的图案文字标记及包装号。

（2）唛头不得出现境外制造的字样。

（3）此栏不得留空。如货物无唛头时，应填打"无唛头"（N/M或NO MARK）。

（4）如唛头过多，此栏不够填，可填在第7、8、9、10栏结束符以下的空白处。

第七栏 Number and Type of packages，description of products（数量及种类）：填写每种货物的详细名称，并使其能与发票上的货名及H.S.编码上的货名相对应。注明包装数量及包装方式。货物无包装，应注明"散装（IN BULK）"或"裸装（IN NUDE）"。唛头上注明是挂装的衣物，可打总"件数（PCS）"。填写时需要注意以下6点。

（1）包装数量必须用英文数字描述后再用括号加上阿拉伯数字同时表示。

（2）应具体填明货物的包装种类（如CASE、CARTON、BAG等），不能只填"PACKAGE"。如果无包装，应填明货物出运时的状态，如"NUDE CARGO"（裸装货）、"IN BULK"（散装货）、"HANGING GARMENTS"（挂装）等。

（3）品名应填写具体，应详细到可以准确判定该商品的H.S.品目号，不能笼统地填"MACHINE""GARMENTS""FABRIC"等。如果信用证中品名笼统或拼写错误，那么必须在括号内加注具体描述或正确品名。

(4)每类商品名称后面要求填写对应的国际上协调统一的四位H.S.编码。

(5)商品的商标、牌名(BRAND)及货号(ARTICLE NUMBER)一般可以不填。

(6)商品名称等项列完后,应在末行加上截止线,以防止加填伪造内容。

第八栏 Origin criteria:对应第九栏的货物名称注明六位数的协调制度编码(H.S.编码)。注明申报货物享受优惠待遇所依据的原产地标准。

(1)如货物为完全原产,填写"PE"。

(2)如货物为含进口成分,区域价值成分≥40%,填写"RVC"。

(3)产品符合特定原产地标准,填写"PSR"。

(4)货物含进口成分,中国-东盟自贸区累计价值成分≥40%,填写该累计价值的百分比,例如:"45%"。

第九栏 Gross weight or other quantity and Value(FOB)(重量或数量及价格):注明货物的重量(指毛重)或数量。注意:此栏应以商品的正常计量单位填,如"只""件""匹""双""台""打"等。以重量计算的则填毛重,只有净重的,填净重也可,但要标上"N.W.(NET WEIGHT)"。同时加注出口商品FOB值,以美元计算。

第十栏 Number and date of invoices:注明发票号、发票日期。与商业发票中一致。

第十一栏 Declaration by the exporter:填制申报日期,申报员签名,加盖出口公司公章。申报日期应为实际申报日期。

第十二栏 Certification填制签署日期,由经授权的签证人员签名,签证机构加盖"FORM E"字样的签证机构备案印章。填写签证机构的电话号码、传真及地址。审证日期应为证书录入日期或实际签发日期。

第十三栏 Reference No.(证书号码):填写FROM E的号码。

缮制产地证FORM E时还应注意以下问题:

证书申办时间:应在货物出口前或出口后的30天内申请办理,货物出口30天后,签证机构不再接受证书的签发申请。出货后签发证书无须加盖后发印章。签证时不需提供提单等有关单证。

知识链接

"FORM E"中国—东盟自由贸易区优惠原产地证明书,是一种区域原产地证书,适用于中国出口到东盟十国的给惠产品。只要签发了中国—东盟自由贸易区优惠原产地证实书(简称FORM E),出口到文莱、柬埔寨、印度尼西亚、老挝、马来西亚、缅甸、菲律宾、新加坡、泰国、越南10国的货物可享受优惠进口国关税待遇,平均减税幅度达5%。据了解,2005年7月,中国与东盟的货物贸易减税计划正式启动,中国和文莱、印度尼西亚、马来西亚、缅甸、新加坡和泰国等东盟6国相互实施自由贸易区协定税率。中国货物出口到上述国家,凡符合中国—东盟自由贸易区优惠关税的有关规定,只要签发了FORM E证书,相当于有了一个"经济护照",该批货物就能够享受更优惠的进口国关税待遇,平均减税幅度可达5%。

中国的FORM E自2018年4月21日起由海关签发。东盟是继欧盟、美国之后跟中国交易量最大的贸易伙伴,我国于2004年正式签发中国—东盟自由贸易区优惠原产地证书,该原产地证书是签发量最大的区域性优惠原产地证书。

(四)海运提单

1. 海运提单的含义

海运提单(Bill of Lading,简称B/L)是运输单据的一种,是指一种用以证明海上运输合同和货物已由承运人接管或装船,以及承运人交付货物的单据。

海运提单的性质和作用:

(1)提单是货物收据(Receipt for the Goods)。

(2)提单是承运人与托运人之间所订运输合同的证明(Evidence of the Contract of Carriage)。

(3)提单是货权凭证(Documents of Title)。提单合法持有人有权凭提单在目的港向承运人提取货物,也可以在货物到达目的港之前,通过转让提单而转移货物所有权,或凭此向银行办理抵押货款。

2. 海运提单缮制

结合上述业务背景,缮制提单范例如下:

1. Shipper Insert Name, Address and Phone	4.B/L No.

NINGBO QIANHU HOME PRODUCT CO.,LTD
88 QIANHU ROAD YINZHOU NINGBO CHINA

4.B/L No.

KFT2582588

2. Consignee Insert Name, Address and Phone

INNOTECH PRECISION COMPONENTS(M) SDN BHD
7&9 JALAN ASAS MURNI KAWASAW
14000 BOKIT MEPTAIAN MALAYSIA

中远集装箱运输有限公司
COSCO CONTAINER LINES
TLX: 33057 COSCO CN
FAX: +86(021) 6545 8984

ORIGINAL

Port-to-Port or Combined Transport
BILL OF LADING

3. Notify Party Insert Name, Address and Phone
(It is agreed that no responsibility shall attsch to the Carrier or his agents for failure to not fy)

INNOTECH PRECISION COMPONENTS(M) SDN BHD
7&9 JALAN ASAS MURNI KAWASAW
14000 BOKIT MEPTAIAN MALAYSIA

RECEIVED in external apparent good order and condition except as other-
Wise noted. The total number of packages or unites stuffed in the container,
The description of the goods and the weights shown in this Bill of Lading are
Furnished by the Merchants, and which the carrier has no reasonable means
Of checking and is not a part of this Bill of Lading contract. The carrier has
Issued the number of Bills of Lading stated below, all of this tenor and date,
One of the original Bills of Lading must be surrendered and endorsed or sig-
Ned against the delivery of the shipment and whereupon any other original
Bills of Lading shall be void. The Merchants agree to be bound by the terms
And conditions of this Bill of Lading as if each had personally signed this Bill
of Lading.
SEE clause 4 on the back of this Bill of Lading (Terms continued on the back
Hereof, please read carefully).
*Applicable Only When Document Used as a Combined Transport Bill of Lading.

5. Combined Transport * Pre - carriage by	6. Combined Transport* Place of Receipt

7. Ocean Vessel Voy. No. MARIDO MASRSK 1203	8. Port of Loading NINGBO, CHINA

9. Port of Discharge PENENG, MALAYSIA	10. Combined Transport * Place of Delivery

11.Marks & Nos. Container / Seal No.	12. No. of Containers or Packages	13.Description of Goods (If Dangerous Goods, See Clause 20)	14.Gross Weight Kgs	15.Measurement
PENENG P.O. NO CTN NO.	500CTNS	KITCHEN MAT 22. [ON BOARD] MAY 15, 2020	7,400.00KGS	22.750 CMB

Description of Contents for Shipper's Use Only (Not part of This B/L Contract)

16. Total Number of containers and/or packages (in words)   SAY FIVE HUNDRED CARTONS ONLY.
    Subject to Clause 7 Limitation

17. Freight & Charges	Revenue Tons	Rate	Per	Prepaid	Collect FREIGHT PREPAID
Declared Value Charge					

Ex. Rate:	18. Prepaid at NINGBO, CHINA	18.Payable at	19.Place and date of issue MAY 15, 2020 NINGBO, CHINA
	Total Prepaid	20.No. of Original B(s)/L THREE	21.Signed for the Carrier, NINGBO FOREIGN SHIPPING AGENT COMPANY 周星 AS AGENT FOR THE CARRIER, COSCO

第一栏　Shipper(托运人)：一般为合同中的出口方。如果为了贸易上的需要,要求做第三者提单(THIRD PARTY B/L),也可照办。

第二栏　Consignee(收货人)：如要求记名提单,则可填上具体的收货公司或收货人名称;如属指示提单,则填为"指示"(ORDER)或"凭指示"(TO ORDER);如需在提单上列明指示人,则可根据不同要求,做成"凭托运人指示"(TO THE ORDER OF SHIPPER),"凭收货人指示"(TO THE ORDER OF CONSIGNEE)或"凭银行指示"(TO THE ORDER OF XX BANK)。

第三栏　Notify Party(被通知人)：这是船公司在货物到达目的港时发送到货通知的收件人,有时即为进口人。如果是记名提单或收货人指示提单,且收货人又有详细地址的,此栏可以不填。如果是空白指示提单或托运人指示提单则此栏必须填列被通知人名称及详细地址,否则船方就无法与收货人联系,收货人也不能及时报关提货,甚至会因超过海关规定申报时间被没收。

第四栏　B/L NO.(提单号码)：一般列在提单右上角,以便于工作联系和查核。发货人向收货人发送装船通知(SHIPMENT ADVICE)时,也要列明船名和提单号码。

第五栏　Pre-carriage by(第一程运输工具)：若货物需中转,则此栏填写第一程船船名;若不需转运,则空下此栏。

第六栏　Place of Receipt(收货地)：若货物需中转,则此栏填写收货的港口名称或地点;若不需转运,则空下此栏。

第七栏　Ocean Vessel Voy. No.(船名航次)：填写运输船舶的船名与航次号。

第八栏　Port of Loading(装货港)：应填列实际装船港口的具体名称。

第九栏　Port of Discharge(卸货港)：填列货物实际卸下的港口名称。

第十栏　Place of Delivery(交货地)：此栏填写最终目的地名称,若货物最终目的地就是目的港,则空白此栏。

第十一栏　Marks & Nos. Container No.(运输标志及集装箱号码)：填写唛头和集装箱号码。唛头按合同事先规定填制;若货物以集装箱装运,此栏则填写集装箱号码;若货物散装,则不填。

第十二栏　No. of Containers or Packages(包装种类和件数)：要按箱子实际包装情况填列。

第十三栏　Description of Goods(货名)：一般需要与货物出口时向当地海关申报的品名一致。

第十四栏　Gross Weight(毛重)：填写毛重,一般以千克(kg)为计量单位,并精确到小数点后2位。

第十五栏　Measurement(尺码)：填写总体积,一般以立方米(m³)为计量单位,保留至小数点后3位。

第十六栏　Total Number of containers and/or packages (in words)(大写包装件数)：此栏用英语文字打出包装及件数,件数指提单项下的商品总件数,必须与小写的件数和包装相一致。

第十七栏　Freight & Charges(运费)：运费一栏必须列明运费的支付方法。运费的支付方法通常缮打在货物描述栏目内的空白处,一般常用的有以下2种。

(1)"运费预付"(Freight Prepaid)

如CIF或CFR出口,一般均填上"运费预付"字样,千万不可漏列,否则收货人会因运费问题而提不到货。虽可查清情况,但拖延提货时间,也将造成损失。

(2)"运费到付"(Freight Collect)

如FOB出口,则运费可制作"运费到付"字样,除非收货人委托发货人垫付运费。

第十八栏　Prepaid at/Payable at(运费支付地)：如CIF或CFR出口,"运费预付"的支付地(Prepaid at)一般在出口国。如FOB出口,"运费到付"运费支付地(Payable at)一般在进口国。

第十九栏　Place and date of issue(提单的签发地和签发日期)：提单必须有签发地点,通常为承运人或其代理人的营业地点。提单必须有签发日期。签发日期是承运人或其代理人签发提单的日期,提单上所签的日期必须与合同上所要求的最后装船期一致或先于装期。

第二十栏　No. of Original B(s)/L(提单的份数):提单的份数一般是指提单正本的份数。一般为2份或3份。提单份数一般理解成3份正本若干份副本。等其中1份正本完成提货任务后,其余各份失效。

第二十一栏　Signed for the Carrier(提单的签发人):提单必须由承运人或船长或他们的代理签发,并应明确表明签发人身份。一般表示方法有CARRIER、CAPTAIN或"AS AGENT FOR THE CARRIER:XXX"等。

第二十二栏　根据货物是否已装船,提单可分为已装船提单(on board or shipped B/L)和备运提单(received for shipment B/L)。

(1)已装船提单,指由船长或承运人的代理人在货物装上指定的船舶后签发的提单。已装船提单的正面载有装货船舶的名称和装船日期,并表明货物"已装船(ON BOARD)"的字样。由于已装船提单对于收货人及时收到货物有保障,所以在国际货物买卖合同中一般都要求卖方提供已装船提单。

(2)备运提单是轮船公司已收到托运货物,暂代存入码头仓库或驳船,等待承运船舶抵港时再行装运所签发的提单。此种提单虽然列有拟装船只的名称,但该船能否按期抵港装货出运,签发备运提单的轮船公司并不负责,所以这种提单实际上仅是轮船公司出立的一种收到托运货物的收据。

知识链接

提单背面印定的条款规定了承运人与货方之间的权利、义务和责任豁免,是双方当事人处理争议时的主要法律依据。在全式(LONG TERM)正本提单的背面,列有许多条款,其中主要有:

(1)定义条款(DEFINITION CLAUSE):主要对"承运人""托运人"等关系人加以限定。前者包括与托运人订有运输合同的船舶所有人,后者包括提货人、收货人、提单持有人和货物所有人。

(2)管辖权条款(JURISDICTION CLAUSE):指出当提单发生争执时,按照法律,某法院有审理和解决案件的权利。

(3)责任期限条款(DURATION OF LIABILLITY):规定承运人对货物灭失或损害承担赔偿责任的期间的条款。一般海运提单规定承运人的责任期限从货物装上船舶起至卸离船舶为止。集装箱提单则从承运人接受货物至交付指定收货人为止。

(4)包装和标志(PACKAGES AND MARKS):要求托运人对货物提供妥善包装和正确清晰的标志。如因标志不清或包装不良所产生的一切费用由货方负责。

(5)运费和其他费用(FREIGHT AND OTHER CHARGES):运费规定为预付的,应在装船时一并支付,到付的应在交货时一并支付。当船舶和货物遭受任何灭失或损失时,运费仍应照付,否则,承运人可对货物及单证行使留置权。

(6)自由转船条款(TRANSHIPMENT CLAUSE):承运人虽签发了直达提单,但由于客观需要仍可自由转船,并不需经托运人的同意。转船费由承运人负担,但风险由托运人承担,而承运人的责任也仅限于其本身经营的船舶所完成的那段运输。

(7)错误申报(INACCURACY IN PARTICULARS FURNISHED BY SHIPPER):承运人有权在装运港和目的港查核托运人申报的货物数量、重量、尺码与内容,如发现与实际不符,承运人可收取运费罚款。

（8）承运人责任限额（LIMIT OF LIABILITY）：规定承运人对货物灭失或损坏所造成的损失所负的赔偿限额，即每一件或每计算单位货物赔偿金额最多不超过若干金额。

（9）共同海损（GENERAL AVERAGE-G.A.）：规定若发生共同海损，按照什么规则理算。国际上一般采用1974年越克-安特卫普规则理算。在中国，一些提单常规定按照1975年北京理算规则理算。

（10）美国条款（AMERICAN CLAUSE）：规定来往美国港口的货物运输只适用美国1936年海上货运法（CARRIAGE OF GOOD BY SEA ACT，1936），运费按联邦海事委员会（FMC）登记的费率本执行，如提单条款与上述法则有抵触时，则以美国法为准。此条款也称"地区条款"（LOCAL CLAUSE）。

（11）舱面货、活动物和植物（ON DECK CARGO，LIVE ANIMALS AND PLANTS）：对这三种货物的接受、搬运、运输、保管和卸货规定，由托运人承担风险，承运人对其灭失或损坏不负责任。

（五）装船通知

1. 装船通知的含义

装船通知（Shipping Advice）是出口企业在订妥舱位或货物装船后，发给进口商的告知装船日期或货物已装船的书面文件。其目的在于让进口商做好筹措资金、付款和接货的准备。

在不同的贸易术语下，装运通知所起的作用有所不同：

1）在FOB、CFR条件下

（1）向进口商发出装运通知，提请进口商及时办理保险。

（2）装运通知即"自动承保的证明"。如买方已与保险公司签订了保险合同，并约定卖方发来装船通知，则该保险合同自动生效，即"自动承保"。

2）在CIF条件下

在CIF条件下告知进口商做好接货准备。

2. 装船通知缮制

主要包括所发运货物的发票号、品名、数量、金额、运输工具名称、开航日期、启运地和目的地、提运单号码、运输标志等，并且与其他相关单据保持一致，如信用证提出具体项目要求，应严格按规定出单。此外通知中还可能出现包装说明、船舶预离港时间（ETD）、船舶预抵港时间（ETA）、预计开始装船时间（ETC）等内容。

SHIPPING ADVICE

1. To：INNOTECH PRECISION COMPONENTS (M) SDN BHD

2. Invoice No.： NBQH266

Dear Sirs，

We hereby inform you that the goods under the above mentioned credit have been shipped. The details of the shipment are stated below.

3. Commodity：KITCHEN MAT

4. Quantity of Goods/Package：500CTNS

5. Amount：USD23,000.00

6. Ocean Vessel：MARIDO MASRSK 1203

7. B/L No.：KFT2582588

8. ETD：AUG. 25,2020

9. ETA：SEPT. 1,2020

10. Port of Loading：NINGBO, CHINA

11. Destination：PENENG, MALAYSIA

12. Shipping marks：PENENG

P.O. NO.

CTN NO.

13. NINGBO QIANHU HOME PRODUCT CO.,LTD

宁波乾湖日用品有限公司

何一山

第一栏　TO：填写进口商名称、地址。

第二栏　Invoice No.：填写商业发票号码。

第三栏　Commodity：填写货物名称，只填写货物统称。

第四栏　Quantity of Goods/Package：填写货物最大包装数。

第五栏　Amount：填写货物总值。

第六栏　Ocean Vessel：填写运输货物船名和航次。

第七栏　B/L No.：填写提单号码。

第八栏　ETD：预计离港时间。

第九栏　ETA：预计到港时间。

第十栏　Port of Loading：填写装运港。

第十一栏　Destination：填写目的港。

第十二栏　Shipping marks：填写唛头。

第十三栏　Signature：出口商签名、盖章。

缮制装船通知的注意事项：

（1）CFR/CPT交易条件下派发装运通知的必要性。因货物运输和保险分别由不同的当事人操作，所以受益人有义务就货物装运情况给予申请人及时、充分的通知，以便进口商保险，否则如漏发通知，则货物越过船舷后的风险仍由受益人承担。

（2）通知应按规定的方式、时间、内容、份数发出。

（3）几个近似概念的区别。shipping advice（装运通知）是由出口商（受益人）发给进口商（申请人）的；shipping instructions 的意思是"装运须知"，一般是进口商发给出口商的；shipping note/bill 指装货通知单/船货清单；shipping order 简称 S/O，含义是装货单/关单/下货纸（是海关放行和命令船方将单据上载明的货物装船的文件）。

业务拓展

宁波天泰进出口有限公司与越南 TANGLE COBLE 贸易公司达成一笔服装出口交易。达成的合同如下，要求制作发票（COMMERCIAL INVOICE）、装箱单（PACKING LIST）、产地证（FORM E）和提单（B/L）。

NINGBO TIANTAI IMPORT & EXPORT CORPORATION

FLOOR 3RD NO.115 MINGGUANG RD.SHOUNAN SUBDISTRICT YINZHOU NINGBO CHINA

TEL:8261-65342517   FAX:8261-65124743

SALES CONFIRMATION

S/C DATE:JUN.5,2020

S/C NO.:21SSG-017

TO:TANGLE COBLE LTD.

21-NIHA NGLE42, ANH. HOCHI MINH CITY

ART.NO	COMMODITYAND SPECIFICATION	QUANTITY	UNITPRICE & TERMS	AMOUNT
H32331SE	100% COTTON LADIES' KNITED BLOUSE IN CARTONS OF 5 DOZ EACH	100CTNS	USD48.50 PER DOZ CFR HOCHI MINH	USD24,250.00

SHIPMENT：ON OR BEFOR AUG. 20, 2020 WITH PARTIAL SHIPMENTS AND TRANSSHIPMENT ALLOWED, FORM SHANGHAI TO NEW YORK HOCHIMINH.

PAYMENT：BY COLLECTION,DOCUMENTS AGAINST PAYMENT AT SIGHT.

INSURANCE：THE SELLER SHALL COVER INSURANCE AGAINST ALL RISKS FOR 110% OF THE TOTAL INVOICE VALUE AS PER THE RELEVANT OCEAN MARINE CARGO CLAUSE OF P.I.C.C. DATED JAN.1ST 1981.

INSPECTION：THE INSPECTION CERTIFICATE OF QUALITY/ WEIGHT ISSUED BY CCIB SHALL BE TAKEN AS BASIS FOR THE SHIPPING QUALITY/WEIGHT.

MARKING：IMPORTANT：PLEASE ESTABLISH L/C EXACTLY ACCORDING TO THE

TERMS AND CONDITIONS OF THE S/C AND WITH THIS S/C NUMBER INDICATED.

（THE BUYERS）   （THE SELLERS）

TANGLE COBE LTD   NINGBO TEXTILES I/M CORPORATION

附加资料：

IVVOICE NO：IY20130710   DATE：JULY 10,2020

G.W.：16.00 KGS/CTN   N.W.：15.00 KGS/CTN   MEAS.(CBM)：0.4*0.5*0.6/CTN

提单号码：GSOC70071-112

船名：CHANG GANG V.1682

提单签发日期：2020年8月15日

提单签发单位：宁波亿胜物流有限公司 NINGBO ESUN LOGISTICS CO.,LTD

提单签发人：王宾

集装箱号码：COSCO2678001

海运费：0

FORM E 号码：E143805008100098

产地标准："PE"

产地证申办人：王天虹

H.S. CODE 61043200.90

SELLER	COMMERCIAL INVOICE		
BUYER	**INVOICE NO.:**	**INVOICE DATE:**	
	S/C NO.:	**S/C DATE:**	
FROM: **TO:**	**SHIPPED BY**	**PAYMENT TERMS:**	
MARKS **DESCRIPTION OF GOODS**	**QUANTITY**	**UNIT PRICE**	**AMOUNT**
TOTAL:			

TOTAL AMOUNT IN WORDS:

SELLER:	PACKING LIST		

	INVOICE NO.:	DATE:

BUYER:	S/C NO.:	S/C DATE:

MARKS & NOS.

FROM:	TO:	SHIPPED BY:

C/NOS.	NO.&KIND OF PKGS	ITEM	QTY	N.W.	G.W.	MEAS.
TOTAL						

TOTAL PACKAGES IN WORDS:

ORIGINAL

1. Products consigned from (Exporter's business name, address, country)	Reference No.
	ASEAN-CHINA FREE TRADE AREA **PREFERENTIAL TARIFF** **CERTIFICATE OF ORIGIN** (Combined declaration and certificate) **FORM E**

2. Products consigned to (Consignee's name, address, country)	Issued in THE PEOPLE'S REPUBLIC OF CHINA -- (country) See overleaf Notes

3   Means of transport and route (as far as known)
 	
      Departure date
 	
      Vessel's name/Aircraft etc.
 	
      Port of Discharge
	4. For official use
	
	☐ <u>Preferential Treatment Given</u>
	
	☐ <u>Preferential Treatment Not Given（Please state reason/s）</u>
	
	-- 	
	Signature of Authorised Signatory of the Importing Party

5. Item num-ber	6. Marks and numbers on packages	7. Number and Type of packages,description of products (including quantity where appropriate and HS number of the importing Party)	8. Origin criteria (see overleaf Notes	9. Gross weight or other quantity and value(FOB)	10. Number and date of invoices

11. Declaration by the exporter	12. Certification
The undersigned hereby declares that the above details and statements are correct, that all the products were produced in **CHINA** (country) and that they comply with the origin requirements specified for these products in the Rules of Origin for the ACFTA for the products exported to (Importing Country) --- Place and date, signature of authorised signatory	It is hereby certified, on the basis of control carried out, that the declaration by the exporter is correct. --- Place and date, signature and stamp of certifying authority

13. ☐ Issued Retroactively   ☐ Exhibition   ☐ Movement Certificate   ☐ Third Party Invoicing

1. Shipper Insert Name, Address and Phone	4.B/L No.

中远集装箱运输有限公司
COSCO CONTAINER LINES

TLX: 33057 COSCO CN
FAX: +86(021) 6545 8984

ORIGINAL

Port-to-Port or Combined Transport

BILL OF LADING

2. Consignee Insert Name, Address and Phone

RECEIVED in external apparent good order and condition except as other-Wise noted. The total number of packages or unites stuffed in the container, The description of the goods and the weights shown in this Bill of Lading are Furnished by the Merchants, and which the carrier has no reasonable means Of checking and is not a part of this Bill of Lading contract. The carrier has Issued the number of Bills of Lading stated below, all of this tenor and date, One of the original Bills of Lading must be surrendered and endorsed or sig-Ned against the delivery of the shipment and whereupon any other original Bills of Lading shall be void. The Merchants agree to be bound by the terms And conditions of this Bill of Lading as if each had personally signed this Bill of Lading.

3. Notify Party Insert Name, Address and Phone
(It is agreed that no responsibility shall attach to the Carrier or his agents for failure to notify)

SEE clause 4 on the back of this Bill of Lading (Terms continued on the back Hereof, please read carefully).

*Applicable Only When Document Used as a Combined Transport Bill of Lading.

5. Combined Transport * Pre-carriage by	6. Combined Transport* Place of Receipt
7. Ocean Vessel Voy. No.	8. Port of Loading
9. Port of Discharge	10. Combined Transport * Place of Delivery

11.Marks & Nos. Container / Seal No.	12.No. of Containers or Packages	13.Description of Goods (If Dangerous Goods, See Clause 20)	14.Gross Weight Kgs	15.Measurement

Description of Contents for Shipper's Use Only (Not part of This B/L Contract)

16. Total Number of containers and/or packages (in words)
Subject to Clause 7 Limitation

17. Freight & Charges	Revenue Tons	Rate	Per	Prepaid	Collect
Declared Value Charge					

Ex. Rate:	18.Prepaid at	18.Payable at	19.Place and date of issue
	Total Prepaid	20.No. of Original B(s)/L	21.Signed for the Carrier,

082

参考答案

SELLER NINGBO TIANTAI IMPORT&EXPORT CORPORATION FLOOR 3RD NO.115 MINGGUANG RD.SHOUNAN SUBDISTRICT YINZHOU NINGBO CHINA	**COMMERCIAL INVOICE**	

BUYER TANGLE COBE LTD 21-NIHA NGLE42, ANH. HOCHI MINH CITY	**INVOICE NO.:** IY20130710	**INVOICE DATE:** JULY 10, 2020
	S/C NO.: 21SSG-017	**S/C DATE:** JUN. 5, 2020

FROM： NINGBO CHINA	**TO:** HOCHI MINH	**SHIPPED BY** CHANG GANG V.1682	**PAYMENT TERMS:** D/P AT SIGHT

MARKS	**DESCRIPTION OF GOODS**	**QUANTITY**	**UNIT PRICE**	**AMOUNT**
N/M	100% COTTON LADIES' KNITED BLOUSE	500DOZ	CFR HOCHI MINH USD48.50/DOZ	USD24,250.00
	TOTAL:	500 DOZ		USD24,250.00

TOTAL AMOUNT IN WORDS: SAY U.S.DOLLARS TWENTY-FOUR THOUSAND TWO HUNDRED AND FIFITY ONLY.

宁波天泰进出口有限公司
NINGBO TIANTAI. IMP AND EXP.COPR.
张开明

外贸出口综合制单

SELLER: NINGBO TIANTAI IMPORT&EXPORT CORPORATION FLOOR 3RD NO.115 MINGGUANG RD.SHOUNAN SUBDISTRICT YINZHOU NINGBO CHIN		**PACKING LIST**					

INVOICE NO.: IY20130710	DATE: JULY 10, 2020

BUYER: TANGLE COBE LTD 21-NIHA NGLE42, ANH. HOCHI MINH CITY	S/C NO.: 21SSG-017	S/C DATE: JUN. 5, 2020

MARKS & NOS.
N/M

FROM: NINGBO CHINA	TO: HOCHI MINH	SHIPPED BY: CHANG GANG V.1682			

C/NOS.	NO.&KIND OF PKGS	ITEM	QTY	N.W.	G.W.	MEAS.
			DOZ	KGS	KGS	MEAS
			@5	@15.00	@16.00	@0.120
NO. 1-100	100CTNS	100% COTTON LADIES' KNITED BLOUSE	500	1,500.00	1,600.00	12.000
TOTAL			500	1,500.00	1,600.00	12.000

TOTAL PACKAGES IN WORDS: SAY ONE HUNDRED CARTONS ONLY

宁波天泰进出口有限公司
NINGBO TIANTAI IMP. AND EXP. COPR.
张开明

ORIGINAL

1. Products consigned from (Exporter's business name, address, country) NINGBO TIANTAI IMPORT&EXPORT CORPORATION FLOOR 3RD NO.115 MINGGUANG RD.SHOUNAN SUBDISTRICT YINZHOU NINGBO CHINA	13.Reference No. E143805008100098

ASEAN-CHINA   FREE TRADE AREA
PREFERENTIAL TARIFF
CERTIFICATE OF ORIGIN
(Combined declaration and certificate)

FORM E

2. Products consigned to (Consignee's name, address, country) TANGLE COBE LTD 21-NIHA NGLE42, ANH. HOCHI MINH CITY	Issued in THE PEOPLE'S REPUBLIC OF CHINA

(country)

See overleaf Notes

3. Means of transport and route (as far as known)	4. For official use
Departure date AUG. 15ᵀᴴ, 2020 Vessel's name/Aircraft etc. CHANG GANG V. 1682 Port of Discharge HOCHI MINH	☐ Preferential Treatment Given ☐ Preferential Treatment Not Given（Please state reason/s）

Signature of Authorised Signatory of the Importing Party

5. Item number	6. Marks and numbers on packages	7. Number and Type of packages,description of products (including quantity where appropriate and HS number of the importing Party)	8. Origin criteria (see overleaf Notes	9. Gross weight or other quantity and value(FOB)	10. Number and date of invoices
1	N/M	ONE HUNDRED(100) CTNS OF LADIES' KNITED BLOUSE H.S. CODE 6104.3200 ****************************	"PE"	500DOZ USD24,250.00	IY20130710 JULY 10, 2020

11. Declaration by the exporter	12. Certification
The undersigned hereby declares that the above details and statements are correct, that all the products were produced in **CHINA** (country) and that they comply with the origin requirements specified for these products in the Rules of Origin for the ACFTA for the products exported to VIETNAM (Importing Country) NINGBO CHINA AUG. 15, 2020 王天虹 -- Place and date, signature of authorised signatory	It is hereby certified, on the basis of control carried out, that the declaration by the exporter is correct. NINGBO CUSTOMS THE PEOPLE'S REPUBLIC OF CHINA 李丽 NINGBO CHINA AUG.15, 2020 -- Place and date, signature and stamp of certifying authority

☐ Issued Retroactively   ☐ Exhibition
☐ Movement Certificate   ☐ Third Party Invoicing

1. Shipper Insert Name, Address and Phone	4.B/L No.
NINGBO TIANTAI IMPORT & EXPORT CORPORATION FLOOR 3RD NO.115 MINGGUANG RD. SHOUNAN SUBDISTRICT YINZHOU NINGBO CHINA	GSOC70071-112

中远集装箱运输有限公司
COSCO CONTAINER LINES
TLX: 33057 COSCO CN
FAX: +86(021) 6545 8984

ORIGINAL

2. Consignee Insert Name, Address and Phone

TANGLE COBE LTD
21-NIHA NGLE42, ANH. HOCHI MINH CITY

Port-to-Port or Combined Transport
BILL OF LADING

3. Notify Party Insert Name, Address and Phone
(It is agreed that no responsibility shall attach to the Carrier or his agents for failure to notify)

TANGLE COBE LTD
21-NIHA NGLE42, ANH. HOCHI MINH CITY

RECEIVED in external apparent good order and condition except as other-Wise noted. The total number of packages or unites stuffed in the container, The description of the goods and the weights shown in this Bill of Lading are Furnished by the Merchants, and which the carrier has no reasonable means Of checking and is not a part of this Bill of Lading contract. The carrier has Issued the number of Bills of Lading stated below, all of this tenor and date, One of the original Bills of Lading must be surrendered and endorsed or sig-Ned against the delivery of the shipment and whereupon any other original Bills of Lading shall be void. The Merchants agree to be bound by the terms And conditions of this Bill of Lading as if each had personally signed this Bill of Lading.

SEE clause 4 on the back of this Bill of Lading (Terms continued on the back Hereof, please read carefully).

*Applicable Only When Document Used as a Combined Transport Bill of Lading.

5. Combined Transport * Pre - carriage by	6. Combined Transport* Place of Receipt
7. Ocean Vessel Voy. No. CHANG GANG V. 168	8. Port of Loading NINGBO CHINA
9. Port of Discharge HOCHI MINH	10. Combined Transport * Place of Delivery

11.Marks & Nos. Container / Seal No.	12.No. of Containers or Packages	13.Description of Goods (If Dangerous Goods, See Clause 20)	14.Gross Weight Kgs	15.Measurement
N/M COSCO2678001	100CTNS	LADIES' KNITED BLOUSE ON BOARD AUG 15，2020	1,600.00KGS	12.000CBM

Description of Contents for Shipper's Use Only (Not part of This B/L Contract)

16. Total Number of containers and/or packages (in words) SAY ONE HUNDRED CARTONS ONLY.
    Subject to Clause 7 Limitation

17. Freight & Charges	Revenue Tons	Rate	Per	Prepaid	Collect
Declared Value Charge				FREIGHT PREPAID	

Ex. Rate:	18.Prepaid at	18.Payable at NINGBO CHINA	19.Place and date of issue NINGBO CHINA AUG.15, 2020
	Total Prepaid	20.No. of Original B(s)/L THREE	21.Signed for the Carrier, 宁波亿胜物流有限公司 NINGBO ESUN LOGISTICS CO.,LTD 王宾 AS CARRIER

项目三　信用证项下结汇单据的制作

准备篇

一、信用证的概念

信用证(Letter of Credit,简称L/C):开证银行根据开证申请人(一般为进口商)的要求和指示向信用证受益人(一般为出口商)开立的、在一定期限内凭符合信用证条款规定的单据,即期或一个可以确定的将来日期,兑付一定金额的书面承诺。

在信用证这种支付方式下,只要出口商按信用证的要求提交符合信用证条款的单据,就可以从指定银行或开证行那里取得货款。因此,信用证属于银行信用。

信用证涉及的当事人比较多,基本当事人有3个:开证申请人、开证行和受益人。此外,还有其他关系人,如通知行、议付行、付款行等。

开证申请人(Applicant):向开证银行申请开立信用证的人,一般是进口人,在信用证中又称开证人。

开证银行(Issuing bank):接受开证申请人的委托,开立信用证的银行,一般为进口方银行。

受益人(Beneficiary):信用证上指定的有权使用该证的人,一般为出口人。

通知行(Advising bank):受开证行的委托,将信用证转交出口人的银行。一般是出口人所在地银行。

议付行(Negotiating bank):愿意买入受益人交来的跟单汇票的银行。可以是指定银行,也可是非指定银行。它对信用证受益人的付款有追索权。通常由通知行担任。

付款行(Paying bank):一般是指开证行自己,也可以是开证行指定的银行。

除了以上这6个当事人,根据需要还可能涉及的当事人有保兑行(Confirming Bank)、偿付行(Reimbursing Bank)等。

二、信用证的种类和业务流程

信用证可以从各个不同角度进行分类。

1. 跟单信用证与光票信用证

根据其项下的汇票是否附有货运单据,信用证可划分为跟单信用证和光票信用证。

(1)跟单信用证:凭附带货运单据的汇票或仅凭货运单据付款的信用证。国际贸易结算中使用的大部分是跟单信用证。

(2)光票信用证:凭不随附货运单据的光票付款的信用证。银行凭光票信用证付款,也可要求受益人附交一些非货运单据,如发票、垫款清单等。

2. 即期信用证和远期信用证

根据付款时间的不同,信用证可划分为即期信用证和远期信用证。

(1)即期信用证:开证行或付款行收到符合信用证条款的跟单汇票或装运单据后,立即履行付款义务的信用证。

(2)远期信用证:开证行或付款行收到信用证的单据时,在规定期限内履行付款义务的信用证。

3. 议付信用证、承兑信用证和付款信用证

根据兑付方式的不同,信用证可以划分为议付信用证、承兑信用证和付款信用证。

(1)议付信用证:凡是开证行允许受益人向某一指定银行或任何银行交单议付的信用证。

议付信用证又可以分为公开议付信用证和限制议付信用证。

①公开议付信用证:又称自由议付信用证,是开证行向愿意办理议付的任何银行做出公开议付邀

请和普通付款承诺的信用证,即指任何银行均可按信用证的条款自由议付的信用证。

②限制议付信用证:开证行指定某一银行或开证行本身进行议付的信用证。

(2)承兑信用证:指定由某一家银行承兑的信用证。即当受益人向指定银行开具远期汇票并提示时,指定银行即行承兑,并于汇票到期日履行付款。由于这种信用证规定的远期汇票是由银行承兑的,所以,也称为"银行承兑信用证"。

(3)付款信用证:指定由某一家银行付款的信用证。付款信用证一般不要求受益人开具汇票,而仅凭受益人提交的单据付款。根据付款时间的不同,付款信用证可以分为即期付款信用证和延期付款信用证。

4. 保兑信用证和不保兑信用证

根据有无另一家银行加以保证兑付,信用证可划分为保兑信用证和不保兑信用证。

(1)保兑信用证:开证行开出的信用证,由另一银行保证对符合信用证条款规定的单据履行付款义务。对信用证加以保兑的银行,称为保兑行。

(2)不保兑信用证:开证行开出的信用证没有经另一家银行保兑。

5. 可转让信用证和不可转让信用证

根据受益人对其权利可否转让,信用证可划分为可转让信用证和不可转让信用证。

(1)可转让信用证:开证行授权通知行在受益人的要求下可将信用证的全部或部分权利转让给第三者即第二受益人的信用证。信用证经过转让后,即由第二受益人办理交货,但第一受益人仍须承担国际货物买卖合同上的卖方责任。根据《跟单信用证统一惯例》规定,只有明确注明"可转让"(transferable)的信用证方能转让,可转让信用证只能转让一次,但允许第二受益人将信用证重新转让给第一受益人。

(2)不可转让信用证:受益人不能将信用证的权利转让给他人的信用证。凡在信用证中未注明"可转让",即是不可转让信用证。

信用证的业务流程随着不同类型的信用证而有所差异。但就其基本环节而言,则大体相同,现在以即期不可撤销跟单议付信用证为例,介绍信用证的业务流程:

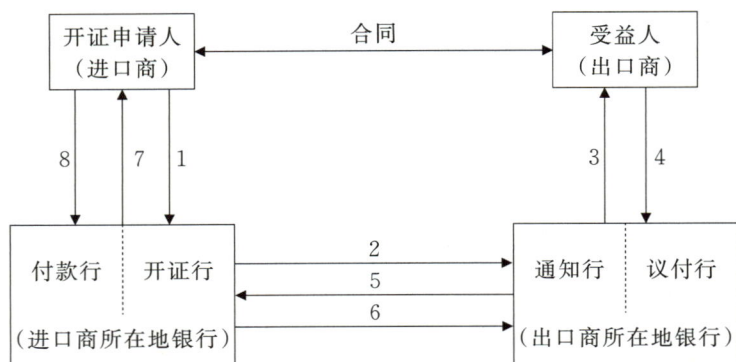

说明:

(1)进口商根据买卖合同填写开证申请书,向所在地银行申请开证。

(2)开证行根据开证申请书的内容开出信用证。

(3)通知行向出口商发出信用证通知书。

(4)出口商装船取得货运单据后向议付银行交单,议付行审核单据后垫付资金。

（5）议付行根据信用证规定，凭单据向开证行或其指定的付款行索要货款，即索偿。

（6）开证行或其指定的付款行向议付行付款，即偿付。

（7）开证行向开证申请人提示单据。

（8）开证申请人审单无误后付款赎单。

三、信用证业务的特点

1. 开证行负有第一性的付款责任

《跟单信用证统一惯例》（UCP）规定："当开证行授权另一家银行凭表面上符合信用证条款的单据付款，承担延期付款责任、承兑汇票或议付时，开证行和保兑行（若有的话有义务）。"

（1）对已承担付款、承担延期付款责任、承兑汇票或议付的银行进行偿付。

（2）接受单据。在这个意义上，如果申请人倒闭，开证行还是照样要履行付款责任。

2. 信用证是一项独立自主文件

UCP阐明信用证与合同的关系，"信用证按其性质与凭以开立的信用证的销售合同或其他合同，均属不同业务"。虽然信用证是在合同的基础上开立的，但信用证一旦开立，就成为独立自主的文件。在这个意义上，银行在审核单据时往往只需对照信用证，而不是合同或者两者兼顾；按照信用证条款办，而不是按合同条款办。

3. 信用证方式是纯单据业务

银行处理信用证业务时，只凭单据，不管货物，它只审查受益人提交的单据是否与信用证条款相符，以决定其是否履行付款责任。UCP明确规定："银行所处理的是单据，而不是可能与单据相关的业务、服务及（或）履约。"在信用证业务中，只要受益人符合信用证条款的单据，开证行就应承担付款责任，进口人也应接受单据并向开证行付款赎单。

四、出口商应注意的问题

由于信用证具有以上这些特点，出口商在处理业务时如果对某些问题重视不够或者处理不当，也会造成一些损失和风险。我们将信用证结算中出口商应当注意的一些问题总结如下：

1. 开证行的信用风险问题

这是指开证行是一些支付能力不足的小银行，在信用证开立后存在开证行倒闭或者无力付款的情况，造成出口商只能凭买卖合同要求进口商付款，并承担商业信用的风险。对此，我们应该在合同的支付条款中规定"信用证应由信用较好的银行开立"。最好是开证行经由出口商确认后再开出信用证。凡是由资信不佳、经营作风不良的银行开立的信用证应拒绝接受，并要求客户另行委托资信好的银行开立。

2. 信用证真实性的问题

伪造信用证是国际贸易中单证诈骗的一种，诈骗者通过伪造信用证，诱导出口商发货，然后伪造提单与承运人串通一气，提走货物，使得出口商货款两空。所以作为受益人，一般不应接受直接开过来的信用证，信用证应由通知行审核合格后再交给出口商。

3. 信用证开证时间的问题

开证时间的早晚对于出口商来说有很大的影响，开证时间早，就会有充足的时间进行审证、改证、筹资、备货、装船及结算。开证时间太晚，常常会使出口商没有足够的时间装船发货。如果再遇到进口商故意刁难，不同意对信用证的装运期和有效期进行延长，则很容易造成出口商因为未能按时发货而违约的情形。因此，在订立合同时，应在支付条款中规定一个进口商开立信用证的时间，以避免由于进

口商开证太迟而使出口商被动,进而造成不必要的损失。

五、拓展与提升

1.信用证条款的审核问题

基于信用证是自足性文件及纯单据业务的特点,出口商必须对进口商开来的信用证做认真仔细的审核,以避免最终因单据不符而遭到开证行的拒付。除对信用证的真伪进行审核外,还要对以下几个方面的问题进行审核:

(1)信用证条款是否与合同条款相悖的审核。

出口商审核信用证的主要依据是双方签署的合同,争取所有条款都符合合同的规定。以 SWIFT 信用证为例:32C Currency Code,Amount,信用证金额与货币应与合同金额一致,如合同订有溢短装条款,信用证金额应该有相应的增减幅度,并与溢短装条款增减幅度一致。

(2)对于最迟装运期和信用证有效期及到期地点的审核。

以 SWIFT 信用证为例:①31D Date and Place of Expiry,到期日应合理,信用证有效期与装运期应有一定的时间间隔,到期地点应尽量争取在我国国内。②44C Latest of Shipment,最迟装运时间至少在备货完成后7—10天。

(3)对于信用证中的词汇拼写错误及前后说法矛盾的审核。

(4)对于信用证中是否存在"软条款"的审核。

以 SWIFT 信用证为例:①47A Additional Conditions,注意是否有软条款(指主动权掌握在开证申请人手中、受益人无法控制的条款,或意思含糊不清、模棱两可的条款)。②尽量不接受以交客验证和客人签名作为依据的条款。③尽量不接受有三分之一的正本提单直接寄给客户的条款。

2.信用证的修改

信用证审核完毕后,如发现错误则可通过进口商要求开证行进行修改,若开证行同意改证,信用证修改书通过原通知行通知出口商一方。出口商修改信用证应注意以下几个问题:

(1)凡是需要修改的内容,应做到一次性向客人提出,避免多次修改信用证的情况。

(2)对于不可撤销信用证中任何条款的修改,都必须取得当事人的同意后才能生效。对信用证修改内容的接受或拒绝有两种表示形式:受益人做出接受或拒绝该信用证修改的通知;受益人以行动按照原信用证的内容办事。

(3)收到信用证修改后,应及时检查修改内容是否符合要求,并仔细考虑给予接受或重新提出修改。

(4)对于修改内容要么全部接受,要么全部拒绝,部分接受修改后的内容是无效的。

(5)有关信用证修改必须通过原信用证通知行寄送才真实有效,通过客人直接寄送的修改申请书或修改书复印件不是有效的修改。

(6)明确修改费用由谁承担,一般按照责任归属来确定修改费用由谁承担。

六、案例分析

我国某公司向外国某商进口一批钢材,货物分两批装运,支付方式为不可撤销即期信用证。每批均由中国银行开立一份信用证。第一批货物装运后,卖方在有效期内向银行交单议付。议付行审单后该行议付货款。中国银行也对议付行做了偿付。我方在收到第一批货物后,发现货物品质不符合合同规定,要求开证行对第二份信用证项下的单据付款,但遭到开证行拒绝。

分析:开证行拒绝是有道理的。信用证方式是纯单据业务。银行处理信用证业务时,只凭单据,不管货物,它只审查受益人提交的单据是否与信用证条款相符,以决定其是否履行付款责任。UCP明确规定:"银行所处理的是单据,而不是可能与单据相关的货物、服务及(或)履约。"在信用证业务中,只要受益人符合信用证条款的单据,开证行就应承担付款责任,进口人也应接受单据并向开证行付款赎单。

附件:《跟单信用证统一惯例》(UCP)

第一条 UCP的适用范围

《跟单信用证统一惯例——2007年修订本,国际商会第600号出版物》(简称UCP)乃一套规则,适用于所有的文本中明确表明受本惯例约束的跟单信用证(以下简称信用证)(在其可适用的范围内,包括备用信用证)。除非信用证明确修改或排除,本惯例各条文对信用证所有当事人均具有约束力。

第二条 定义

就本惯例而言:

(1)通知行指应开证行的要求通知信用证的银行。

(2)申请人指要求开立信用证的一方。

(3)银行工作日指银行在其履行受本惯例约束的行为的地点通常开业的一天。

(4)受益人指接受信用证并享受其利益的一方。

(5)相符交单指与信用证条款、本惯例的相关适用条款以及国际标准银行实务一致的交单。

(6)保兑指保兑行在开证行承诺之外做出的承付或议付相符交单的确定承诺。

(7)保兑行指根据开证行的授权或要求对信用证加具保兑的银行。

(8)信用证指一项不可撤销的安排,无论其名称或描述如何,该项安排均构成开证行对相符交单予以承付的确定承诺。

(9)承付指:

　　a. 如果信用证为即期付款信用证,则即期付款。

　　b. 如果信用证为延期付款信用证,则承诺延期付款并在承诺到期日付款。

　　c. 如果信用证为承兑信用证,则承兑受益人开出的汇票并在汇票到期日付款。

(10)开证行指应申请人要求或者代表自己开出信用证的银行。

(11)议付指指定银行在相符交单下,在其应获偿付的银行工作日当天或之前向受益人预付或者同意预付款项,从而购买汇票(其付款人为指定银行以外的其他银行)及/或单据的行为。

(12)指定银行指信用证可在其处兑用的银行,如信用证可在任一银行兑用,则任何银行均为指定银行。

(13)交单指向开证行或指定银行提交信用证项下单据的行为,或指按此方式提交的单据。

(14)交单人指实施交单行为的受益人、银行或其他人。

第三条 解释

就本惯例而言:

(1)如情形适用,单数词形包含复数含义,复数词形包含单数含义。

(2)信用证是不可撤销的,即使未如此表明。

(3)单据签字可用手签、摹样签字、穿孔签字、印戳、符号或任何其他机械或电子的证实方法为之。

(4)诸如单据须履行法定手续、签证、证明等类似要求,可由单据上任何看似满足该要求的签字、标

记、印戳或标签来满足。

（5）一家银行在不同国家的分支机构中被视为不同的银行。

（6）用诸如"第一流的""著名的""合格的""独立的""正式的""有资格的"或"本地的"等词语描述单据的出单人时,允许除受益人之外的任何人出具该单据。

（7）除非要求在单据中使用,否则诸如"迅速地""立刻地"或"尽快地"等词语将被不予理会。

（8）"在或大概在(on or about)"或类似用语将被视为规定事件发生在指定日期的前后五个日历日之间,起讫日期计算在内。

（9）"至(to)""直至(until、till)""从……开始(from)"及"在……之间(between)"等词用于确定发运日期时包含提及的日期,使用"在……之前(before)"及"在……之后(after)"时则不包含提及的日期。

（10）"从……开始(from)"及"在……之后(after)"等词用于确定到期日时不包含提及的日期。

（11）"前半月"及"后半月"分别指一个月的第1日到第15日及第16日到该月的最后一日,起讫日期计算在内。

（12）一个月的"开始(beginning)""中间(middle)"及"末尾(end)"分别指第1到第10日、第11日到第20日及第21日到该月的最后一日,起讫日期计算在内。

第四条　信用证与合同

a. 就其性质而言,信用证与可能作为其开立基础的销售合同或其他合同是相互独立的交易,即使信用证中含有对此类合同的任何援引,银行也与该合同无关,且不受其约束。因此,银行关于承付、议付或履行信用证项下其他义务的承诺,不受申请人基于与开证行或与受益人之间的关系而产生的任何请求或抗辩的影响。

受益人在任何情况下不得利用银行之间或申请人与开证行之间的合同关系。

b. 开证行应劝阻申请人试图将基础合同、形式发票等文件作为信用证组成部分的做法。

第五条　单据与货物、服务或履约行为

银行处理的是单据,而不是单据可能涉及的货物、服务或履约行为。

第六条　兑用方式、截止日和交单地点

a. 信用证必须规定可在其处兑用的银行,或是否可在任一银行兑用。规定在指定银行兑用的信用证同时也可以在开证行兑用。

b. 信用证必须规定其是以即期付款、延期付款、承兑还是议付的方式兑用。

c. 信用证不得开成凭以申请人为付款人的汇票兑用。

d.（ⅰ）信用证必须定一个交单的截止日。规定的承付或议付的截止日将被视为交单的截止日。

（ⅱ）可在其处兑用信用证的银行所在地即为交单地点。可在任一银行兑用的信用证其交单地点为任一银行所在地。除规定的交单地点外,开证行所在地也是交单地点。

e. 除非如第二十九条a款规定的情形,否则受益人或者代表受益人的交单应在截止日当天或之前完成。

第七条　开证行责任

a. 只要规定的单据提交给指定银行或开证行,并且构成相符交单,则开证行必须承付,如果信用证为以下情形之一:

　　ⅰ. 信用证规定由开证行即期付款,延期付款或承兑;

　　ⅱ. 信用证规定由指定银行即期付款但其未付款;

　　ⅲ. 信用证规定由指定银行延期付款但其未承诺延期付款,或虽已承诺延期付款,但未在到期日付款；

ⅳ. 信用证规定由指定银行承兑,但其未承兑以其为付款人的汇票,或虽然承兑了汇票,但未在到期日付款。

ⅴ. 信用证规定由指定银行议付但其未议付。

b. 开证行自开立信用证之时起即不可撤销地承担承付责任。

c. 指定银行承付或议付相符交单并将单据转给开证行之后,开证行即承担偿付该指定银行的责任。对承兑或延期付款信用证下相符交单金额的偿付应在到期日办理,无论指定银行是否在到期日之前预付或购买了单据。开证行偿付指定银行的责任独立于开证行对受益人的责任。

第八条　保兑行责任

a. 只要规定的单据提交给保兑行,或提交给其他任何指定银行,并且构成相符交单,保兑行必须:

ⅰ. 承付,如果信用证为以下情形之一:

a)信用证规定由保兑行即期付款、延期付款或承兑;

b)信用证规定由另一指定银行延期付款,但其未付款;

c)信用证规定由另一指定银行延期付款,但其未承诺延期付款,或虽已承诺延期付款但未在到期日付款;

d)信用证规定由另一指定银行承兑,但其未承兑以其为付款人的汇票,或虽已承兑汇票但未在到期日付款;

e)信用证规定由另一指定银行议付,但其未议付。

ⅱ. 无追索权地议付,如果信用证规定由保兑行议付。

b. 保兑行自对信用证加具保兑之时起即不可撤销地承担承付或议付的责任。

c. 其他指定银行承付或议付相符交单并将单据转往保兑行之后,保兑行即承担偿付该指定银行的责任。对承兑或延期付款信用证下相符交单金额的偿付应在到期日办理,无论指定银行是否在到期日之前预付或购买了单据。保兑行偿付指定银行的责任独立于保兑行对受益人的责任。

d. 如果开证行授权或要求一银行对信用证加具保兑,而其并不准备照办,则其必须毫不延误地通知开证行,并可通知此信用证而不加保兑。

第九条　信用证及其修改的通知

a. 信用证及其任何修改可以经由通知行通知受益人。非保兑行的通知行通知信用证及修改时不承担承付或议付的责任。

b. 通知行通知信用证或修改的行为表示其已确信信用证或修改的表面真实性,而且其通知准确地反映了其收到的信用证或修改的条款。

c. 通知行可以通过另一银行("第二通知行")向受益人通知信用证及修改。第二通知行通知信用证或修改的行为表明其已确信收到的通知的表面真实性,并且其通知准确地反映了收到的信用证或修改的条款。

d. 经由通知行或第二通知行通知信用证的银行必须经由同一银行通知其后的任何修改。

e. 如一银行被要求通知信用证或修改但其决定不予通知,则应毫不延误地告知自其处收到信用证、修改或通知的银行。

f. 如一银行被要求通知信用证或修改但其不能确信信用证、修改或通知的表面真实性,则应毫不延误地通知看似从其处收到指示的银行。如果通知行或第二通知行决定仍然通知信用证或修改,则应告知受益人或第二通知行其不能确信信用证、修改或通知的表面真实性。

第十条　修改

a. 除第三十八条另有规定者外，未经开证行、保兑行（如有的话）及受益人同意，信用证既不得修改，也不得撤销。

b. 开证行自发出修改之时起，即不可撤销地受其约束。保兑行可将其保兑扩展至修改，并自通知该修改时，即不可撤销地受其约束。但是，保兑行可以选择将修改通知受益人而不对其加具保兑。若如此，其必须毫不延误地将此告知开证行，并在其给受益人的通知中告知受益人。

c. 在受益人告知通知修改的银行其接受该修改之前，原信用证（或含有先前被接受的修改的信用证）的条款对受益人仍然有效。受益人应提供接受或拒绝修改的通知。如果受益人未能给予通知，当交单与信用证以及尚未表示接受的修改的要求一致时，即视为受益人已做出接受修改的通知，并且从此时起，该信用证被修改。

d. 通知修改的银行应将任何接受或拒绝的通知转告发出修改的银行。

e. 对同一修改的内容不允许部分接受，部分接受将被视为拒绝修改的通知。

f. 修改中关于除非受益人在某一时间内拒绝修改否则修改生效的规定应被不予理会。

第十一条　电讯传输的和预先通知的信用证和修改

a. 以经证实的电讯方式发出的信用证或信用证修改即被视为有效的信用证或修改文据，任何后续的邮寄确认书应被不予理会。

如电讯声明"详情后告"（或类似用语）或声明以邮寄确认书为有效信用证或修改，则该电讯不被视为有效信用证或修改。开证行必须随即不迟延地开立有效信用证或修改，其条款不得与该电讯矛盾。

b. 开证行只有在准备开立有效信用证或做出有效修改时，才可以发出关于开立或修改信用证的初步通知（预先通知）。开证行做出该预先通知，即不可撤销地保证不迟延地开立或修改信用证，且其条款不能与预先通知相矛盾。

第十二条　指定

a. 除非指定银行为保兑行，对于承付或议付的授权并不赋予指定银行承付或议付的义务，除非该指定银行明确表示同意并且告知受益人。

b. 开证行指定一银行承兑汇票或做出延期付款承诺，即为授权该指定银行预付或购买其已承兑的汇票或已做出的延期付款承诺。

c. 非保兑行的指定银行收到或审核并转递单据的行为并不使其承担承付或议付的责任，也不构成其承付或议付的行为。

第十三条　银行之间的偿付安排

a. 如果信用证规定指定银行（"索偿行"）向另一方（"偿付行"）获取偿付时，必须同时规定该偿付是否按信用证开立时有效的ICC银行间偿付规则进行。

b. 如果信用证没有规定偿付遵守ICC银行间偿付规则，则按照以下规定：

ⅰ. 开证行必须给予偿付行有关偿付的授权，授权应符合信用证关于兑用方式的规定，且不应设定截止日。

ⅱ. 开证行不应要求索偿行向偿付行提供与信用证条款相符的证明。

ⅲ. 如果偿付行未按信用证条款见索即偿，开证行将承担利息损失以及产生的任何其他费用。

ⅳ. 偿付行的费用应由开证行承担。然而，如果此项费用由受益人承担，开证行有责任在信用证及偿付授权中注明。如果偿付行的费用由受益人承担，该费用应在偿付时从付给索偿行的金额中扣取。如果偿付未发生，偿付行的费用仍由开证行负担。

c. 如果偿付行未能见索即偿,开证行不能免除偿付责任。

第十四条　单据审核标准

a. 按指定行事的指定银行、保兑行(如果有的话)及开证行须审核交单,并仅基于单据本身确定其是否在表面上构成相符交单。

b. 按指定行事的指定银行、保兑行(如有的话)及开证行各有从交单次日起的至多五个银行工作日用以确定交单是否相符。这一期限不因在交单日当天或之后信用证截止日或最迟交单日届至而被缩减或受到影响。

c. 如果单据中包含一份或多份受第十九、二十、二十一、二十二、二十三、二十四或二十五条规制的正本运输单据,则须由受益人或其代表在不迟于本惯例所指的发运日之后的21个日历日内交单,但是在任何情况下都不得迟于信用证的截止日。

d. 单据中的数据,在与信用证、单据本身以及国际标准银行实务参照解读时,无须与该单据本身中的数据、其他要求的单据或信用证中的数据等同一致,但不得矛盾。

e. 除商业发票外,其他单据中的货物、服务或履约行为的描述,如果有的话,可使用与信用证中的描述不矛盾的概括性用语。

f. 如果信用证要求提交运输单据、保险单据或者商业发票之外的单据,却未规定出单人或其数据内容,则只要提交的单据内容看似满足所要求单据的功能,且其他方面符合第十四条d款,银行将接受该单据。

g. 提交的非信用证所要求的单据将被不予理会,并可被退还给交单人。

h. 如果信用证含有一项条件,但未规定用以表明该条件得到满足的单据,银行将视为未做规定并不予理会。

i. 单据日期可以早于信用证的开立日期,但不得晚于交单日期。

j. 当受益人和申请人的地址出现在任何规定的单据中时,无须与信用证或其他规定单据中所载相同,但必须与信用证中规定的相应地址同在一国。联络细节(传真、电话、电子邮件及类似细节)作为受益人和申请人地址的一部分时将被不予理会。然而,如果申请人的地址和联络细节为第十九、二十、二十一、二十二、二十三、二十四或二十五条规定的运输单据上的收货人或通知方细节的一部分时,应与信用证规定的相同。

k. 在任何单据中注明的托运人或发货人无须为信用证的受益人。

l. 运输单据可以由任何人出具,无须为承运人、船东、船长或租船人,只要其符合第十九、二十、二十一、二十二、二十三或二十四条的要求。

第十五条　相符交单

a. 当开证行确定交单相符时,必须承付。

b. 当保兑行确定交单相符时,必须承付或者议付并将单据转递给开证行。

c. 当指定银行确定交单相符并承付或议付时,必须将单据转递给保兑行或开证行。

第十六条　不符单据、放弃及通知

a. 当按照指定行事的指定银行、保兑行(如有的话)或者开证行确定交单不符时,可以拒绝承付或议付。

b. 当开证行确定交单不符时,可以自行决定联系申请人放弃不符点。然而这并不能延长第十四条b款所指的期限。

c. 当按照指定行事的指定银行、保兑行(如有的话)或开证行决定拒绝承付或议付时,必须给予交单人一份单独的拒付通知。

该通知必须声明：

ⅰ.银行拒绝承付或议付；及

ⅱ.银行拒绝承付或者议付所依据的每一个不符点；及

ⅲ.a)银行留存单据听候交单人的进一步指示；或者

　　b)开证行留存单据直到其从申请人处接到放弃不符点的通知并同意接受该放弃，或者其同意接受对不符点的放弃之前从交单人处收到其进一步指示；或者

　　c)银行将退回单据；或者

　　d)银行将按之前从交单人处获得的指示处理。

d. 第十六条c款要求的通知必须以电讯方式，如不可能，则以其他快捷方式，在不迟于自交单之翌日起第五个银行工作日结束前发出。

e. 按照指定行事的指定银行、保兑行（如有的话）或开证行在按照第十六条c款ⅲ项a)或b)发出了通知后，可以在任何时候将单据退还交单人。

f. 如果开证行或保兑行未能按照本条行事，则无权宣称交单不符。

g. 当开证行拒绝承付或保兑行拒绝承付或者议付，并且按照本条发出了拒付通知后，有权要求返还已偿付的款项及利息。

第十七条　正本单据及副本

a. 信用证规定的每一种单据须至少提交一份正本。

b. 银行应将任何带有看似出单人的原始签名、标记、印戳或标签的单据视为正本单据，除非单据本身表明其非正本。

c. 除非单据本身另有说明，在以下情况下，银行也将其视为正本单据：

ⅰ.单据看似由出单人手写、打字、穿孔或盖章；或者

ⅱ.单据看似使用出单人的原始信纸出具；或者

ⅲ.单据声明其为正本单据，除非该声明看似不适用于提交的单据。

d. 如果信用证要求提交单据的副本，提交正本或副本均可。

e. 如果信用证使用诸如"一式两份(in duplicate)""两份(in two folds)""两套(in two copies)"等用语要求提交多份单据，则提交至少一份正本，其余使用副本即可满足要求，除非单据本身另有说明。

第十八条　商业发票

a. 商业发票：

ⅰ.必须看似由受益人出具（第三十八条规定的情形除外）；

ⅱ.必须出具成以申请人为抬头（第三十八条g款规定的情形除外）；

ⅲ.必须与信用证的货币相同；且

ⅳ.无须签名。

b. 按指定行事的指定银行、保兑行（如有的话）或开证行可以接受金额大于信用证允许金额的商业发票，其决定对有关各方均有约束力，只要该银行对超过信用证允许金额的部分未做承付或者议付。

c. 商业发票上的货物、服务或履约行为的描述应该与信用证中的描述一致。

第十九条　涵盖至少两种不同运输方式的运输单据

a. 涵盖至少两种不同运输方式的运输单据（多式或联合运输单据），无论名称如何，必须看似：

ⅰ.表明承运人名称并由以下人员签署：

*承运人或其具名代理人,或

*船长或其具名代理人。

承运人、船长或代理人的任何签字,必须标明其承运人、船长或代理人的身份。

代理人签字必须表明其系代表承运人还是船长签字。

ⅱ.通过以下方式表明货物已经在信用证规定的地点发送、接管或已装运。

a)事先印就的文字,或者

b)表明货物已经被发送、接管或装船日期的印戳或批注。

运输单据的出具日期将被视为发送、接管或装运的日期,也即发运的日期。然而如单据以印戳或批注的方式表明了发送、接管或装船日期,该日期将被视为发运日期。

ⅲ.表明信用证规定的发送、接管或发运地点,以及最终目的地,即使:

a)该运输单据另外还载明了一个不同的发送、接管或发运地点或最终目的地,或者,

b)该运输单据载有"预期的"或类似的关于船只、装货港或卸货港的限定语。

　　ⅳ.为唯一的正本运输单据,或者,如果出具为多份正本,则为运输单据中表明的全套单据。

　　ⅴ.载有承运条款和条件,或提示承运条款和条件参见别处(简式/背面空白的运输单据)。银行将不审核承运条款和条件的内容。

　　ⅵ.未表明受租船合同约束。

b.就本条而言,转运指在从信用证规定的发送、接管或者发运地点最终目的地的运输过程中从某一运输工具上卸下货物并装上另一运输工具的行为(无论其是否为不同的运输方式)。

c.ⅰ.运输单据可以表明货物将要或可能被转运,只要全程运输由同一运输单据涵盖。

　　ⅱ.即使信用证禁止转运,注明将要或者可能发生转运的运输单据仍可接受。

第二十条　提单

a.提单,无论名称如何,必须看似:

ⅰ.表明承运人名称,并由下列人员签署:

a)承运人或其具名代理人,或者

b)船长或其具名代理人。

承运人、船长或代理人的任何签字必须标明其承运人、船长或代理人的身份。

代理人的任何签字须标明其系代表承运人还是船长签字。

ⅱ.通过以下方式表明货物已在信用证规定的装货港装上具名船只:

a)预先印就的文字,或

b)已装船批注注明货物的装运日期。

提单的出具日期将被视为发运日期,除非提单载有表明发运日期的已装船批注,此时已装船批注中显示的日期将被视为发运日期。

如果提单载有"预期船只"或类似的关于船名的限定语,则需以已装船批注明确发运日期以及实际船名。

ⅲ.表明货物从信用证规定的装货港发运至卸货港。

如果提单没有表明信用证规定的装货港为装货港,或者其载有"预期的"或类似的关于装货港的限定语,则需以已装船批注表明信用证规定的装货港、发运日期,以及实际船名。即使提单以事先印就的文字表明了货物已装载或装运于具名船只,本规定仍适用。

ⅳ. 为唯一的正本提单,或如果以多份正本出具,为提单中表明的全套正本。

ⅴ. 载有承运条款和条件,或提示承运条款和条件参见别外(简式/背面空白的提单)。银行将不审核承运条款和条件的内容。

ⅵ. 未表明受租船合同约束。

b. 就本条而言,转运系指在信用证规定的装货港到卸货港之间的运输过程中,将货物从一船卸下并再装上另一船的行为。

c. ⅰ. 提单可以表明货物将要或可能被转运,只要全程运输由同一提单涵盖。

ⅱ. 即使信用证禁止转运,注明将要或可能发生转运的提单仍可接受,只要其表明货物由集装箱、拖车或子船运输。

d. 提单中声明承运人保留转运权利的条款将被不予理会。

第二十一条 不可转让的海运单

a. 不可转让的海运单,无论名称如何,必须看似:

ⅰ. 表明承运人名称并由下列人员签署:

a)承运人或其具名代理人,或者

b)船长或其具名代理人。

承运人、船长或代理人的任何签字必须标明其承运人、船长或代理人的身份。

代理签字必须标明其系代表承运人还是船长签字。

ⅱ. 通过以下方式表明货物已在信用证规定的装货港装上具名船只:

a)预先印就的文字,或者

b)已装船批注表明货物的装运日期。

不可转让海运单的出具日期将被视为发运日期,除非其上带有已装船批注注明发运日期,此明已装船批注注明的日期将被视为发运日期。

如果不可转让海运单载有"预期船只"或类似的关于船名的限定语,则需要以已装船批注表明发运日期和实际船名。

ⅲ. 表明货物从信用证规定的装货港发运至卸货港。

如果不可转让海运单未以信用证规定的装货港为装货港,或者如果其载有"预期的"或类似的关于装货港的限定语,则需要以已装船批注表明信用证规定的装货港、发运日期和船只。

即使不可转让海运单以预先印就的文字表明货物已由具名船只装载或装运,本规定也适用。

ⅳ. 为唯一的正本不可转让海运单,或如果以多份正本出具,为海运单上注明的全套正本。

ⅴ. 载有承运条款的条件,或提示承运条款和条件参见别处(简式/背面空白的海运单)。银行将不审核承运条款和条件的内容。

ⅵ. 未注明受租船合同约束。

b. 就本条而言,转运系指在信用证规定的装货港到卸货港之间的运输过程中,将货物从一船卸下并装上另一船的行为。

c. ⅰ. 不可转让海运单可以注明货物将要或可能被转运,只要全程运输由同一海运单涵盖。

ⅱ. 即使信用证禁止转运,注明转运将要或可能发生的不可转让的海运单仍可接受,只要其表明货物装于集装箱、拖船或子船中运输。

d. 不可转让的海运单中声明承运人保留转运权利的条款将被不予理会。

第二十二条　租船合同提单

a. 表明其受租船合同约束的提单（租船合同提单），无论名称如何，必须看似：

ⅰ. 由以下员签署：

a）船长或其具名代理人，或

b）船东或其具有名代理人，或

c）租船人或其具有名代理人。

船长、船东、租船人或代理人的任何签字必须标明其船长、船东、租船人或代理人的身份。

代理人签字必须标明其系代表船长、船东还是租船人签字。

代理人代表船东或租船人签字时必须注明船东或租船人的名称。

ⅱ. 通过以下方式表明货物已在信用证规定的装货港装上具名船只：

a）预先印就的文字，或者

b）已装船批注注明货物的装运日期。

租船合同提单的出具日期将被视为发运日期，除非租船合同提单载有已装船批注注明发运日期，此时已装船批注上注明的日期将被视为发运日期。

ⅲ. 表明货物从信用证规定的装货港发运至卸货港。卸货港也可显示为信用证规定的港口范围或地理区域。

ⅳ. 为唯一的正本租船合同提单，或如以多份正本出具，为租船合同提单注明的全套正本。

b. 银行将不审核租船第

二十三条　空运单据

a. 空运单据，无论名称如何，必须看似：

ⅰ. 表明承运人名称，并由以下人员签署：

a）承运人，或

b）承运人的具名代理人。

承运人或其代理人的任何签字必须标明其承运人或代理人的身份。

代理人签字必须表明其系代表承运人签字。

ⅱ. 表明货物已被收妥待运。

ⅲ. 表明出具日期。该日期将被视为发运日期，除非空运单据载有专门批注注明实际发运日期，此时批注中的日期将被视为发运日期。

空运单据中其他与航班号和航班日期相关的信息将不被用来确定发运日期。

ⅳ. 表明信用证规定的起飞机场和目的地机场。

ⅴ. 为开给发货人或托运人的正本，即使信用证规定提交全套正本。

ⅵ. 载有承运条款和条件，或提示条款和条件参见别处。银行将不审核承运条款和条件的内容。

b. 就本条而言，转运是指在信用证规定的起飞机场到目的地机场的运输过程中，将货物从一飞机卸下再装上另一飞机的行为。

c. ⅰ. 空运单据可以注明货物将要或可能转运，只要全程运输由同一空运单据涵盖。

ⅱ. 即使信用证禁止转运，注明将要或可能发生转运的空运单据仍可接受。

合同，即使信用证要求提交租船合同。

第二十四条　公路、铁路或内陆水运单据

a. 公路、铁路或内陆水运单据，无论名称如何，必须看似：

ⅰ.表明承运人名称,并且

a)由承运人或其具名代理人签署,或者

b)由承运人或其具名代理人以签字、印戳或批注表明货物收讫。

承运人或其具名代理人的收货签字、印戳或批注必须标明其承运人或代理人的身份。

代理人的收货签字、印戳或批注必须标明代理人系代表承运人签字或行事。

如果铁路运输单据没有指明承运人,可以接受铁路运输公司的任何签字或印戳作为承运人签署单据的证据。

ⅱ.表明货物的信用规定地点的发运日期,或者收讫待运或待发送的日期。运输单据的出具日期将被视为发运日期,除非运输单据上盖有带日期的收货印戳,或注明了收货日期或发运日期。

ⅲ.表明信用证规定的发运地及目的地。

b.ⅰ.公路运输单据必须看似为开给发货人或托运人的正本,或没有任何标记表明单据开给何人。

ⅱ.注明"第二联"的铁路运输单据将被作为正本接受。

ⅲ.无论是否注明正本字样,铁路或内陆水运单据都被作为正本接受。

c.如运输单据上未注明出具的正本数量,提交的份数即视为全套正本。

d.就本条而言,转运是指在信用证规定的发运、发送或运送的地点到目的地之间的运输过程中,在同一运输方式中从一运输工具上卸下再装上另一运输工具的行为。

e.ⅰ.只要全程运输由同一运输单据涵盖,公路、铁路或内陆水运单据可以注明货物将要或可能被转运。

ⅱ.即使信用证禁止转运,注明将要或可能发生转运的公路、铁路或内陆水运单据仍可接受。

第二十五条 快递收据、邮政收据或投邮证明

a.证明货物收讫待运的快递收据,无论名称如何,必须看似:

ⅰ.表明快递机构的名称,并在信用证规定的货物发运地点由该具名快递机构盖章或签字;并且

ⅱ.表明取件或收件的日期或类似词语,该日期将被视为发运日期。

b.如果要求显示快递费用付讫或预付,快递机构出具的表明快递费由收货人以外的一方支付的运输单据可以满足该项要求。

c.证明货物收讫待运的邮政收据或投邮证明,无论名称如何,必须看似在信用证规定的货物发运地点盖章或签署并注明日期。该日期将被视为发运日期。

第二十六条 "货装舱面""托运人装载和计数""内容据托运人报称"及运费之外的费用

a.运输单据不得表明货物装于或者将于舱面。声明货物可能被装于舱面的运输单据条款可以接受。

b.载有诸如"托运人装载和计数"或"内容据托运人报称"条款的运输单据可以接受。

c.运输单据上可以以印戳或其他方法提及运费之外的费用。

第二十七条 清洁运输单据

银行只接受清洁运输单据,清洁运输单据指未载有明确宣称货物或包装有缺陷的条款或批注的运输单据。"清洁"一词并不需要在运输单据上出现,即使信用证要求运输单据为"清洁已装船"的。

第二十八条 保险单据及保险范围

a.保险单据,例如保险单或预约保险项下的保险证明书或者声明书,必须看似由保险公司或承保人或其代理人或代表出具并签署。

代理人或代表的签字必须表明其系代表保险公司或承保人签字。

b. 如果保险单据表明其以多份正本出具，所有正本均须提交。

c. 暂保单将不被接受。

d. 可以接受保险单代替预约保险项下的保险证明书或声明书。

e. 保险单据日期不得晚于发运日期，除非保险单据表明保险责任不迟于发运日生效。

f. ⅰ. 保险单据必须表明投保金额并以与信用证相同的货币表示。

　　ⅱ. 信用证对于投保金额为货物价值、发票金额或类似金额的某一比例的要求，将被视为对最低保额的要求。

　　如果信用证对投保金额未做规定，投保金额须至少为货物的CIF或CIP价格的110%。

　　如果从单据中不能确定CIF或者CIP价格，投保金额必须基于要求承付或议付的金额，或者基于发票上显示的货物总值来计算，两者之中取金额较高者。

　　ⅲ. 保险单据须表明承保的风险区间至少涵盖从信用证规定的货物接管地或发运地开始到卸货地或最终目的地为止。

g. 信用证应规定所需投保的险别及附加险（如有的话）。如果信用证使用诸如"通常风险"或"惯常风险"等含义不确切的用语，则无论是否有漏保之风险，保险单据将被照样接受。

h. 当信用证规定投保"一切险"时，如保险单据载有任何"一切险"批注或条款，无论是否有"一切险"标题，均将被接受，即使其声明任何风险除外。

i. 保险单据可以援引任何除外条款。

j. 保险单据可以注明受免赔率或免赔额（减除额）约束。

第二十九条　截止日或最迟交单日的顺延

a. 如果信用证的截止日或最迟交单日适逢接受交单的银行非因第三十六条所述原因而歇业，则截止日或最迟交单日，视何者适用，将顺延至其重新开业的第一个银行工作日。

b. 如果在顺延后的第一个银行工作日交单，指定银行必须在其致开证行或保兑行的面函中声明交单是在根据第二十九条a款顺延的期限内提交的。

c. 最迟发运日不因第二十九条a款规定的原因而顺延。

第三十条　信用证金额、数量与单价的伸缩度

a. "约"或"大约"用于信用证金额或信用证规定的数量或单价时，应解释为允许有关金额或数量或单价有不超过10%的增减幅度。

b. 在信用证未以包装单位件数或货物自身件数的方式规定货物数量时，货物数量允许有5%的增减幅度，只要总支取金额不超过信用证金额。

c. 如果信用证规定了货物数量，而该数量已全部发运，及如果信用证规定了单价，而该单价又未降低，或当第三十条b款不适用时，则即使不允许部分装运，也允许支取的金额有5%的减幅。若信用证规定有特定的增减幅度或使用第三十条a款提到的用语限定数量，则该减幅不适用。

第三十一条　部分支款或部分发运

a. 允许部分支款或部分发运。

b. 表明使用同一运输工具并经由同次航程运输的数套运输单据在同一次提交时，只要显示相同目的地，将不视为部分发运，即使运输单据上表明的发运日期不同或装货港、接管地或发运地点不同。如果交单由数套运输单据构成，其中最晚的一个发运日期将被视为发运日。

含有一套或数套运输单据的交单，如果表明在同一种运输方式下经由数件运输工具运输，即使运输工具在同一天出发运往同一目的地，仍将被视为部分发运。

c. 含有一份以上快递收据、邮政收据或投邮证明的交单,如果单据看似由同一快递或邮政机构在同一地点和日期加盖印戳或签字并且表明同一目的地,将不视为部分发运。

第三十二条 分期支款或分期发运

如信用证规定在指定的时间段内分期支款或分期发运,任何一期未按信用证规定期限支取或发运时,信用证对该期及以后各期均告失效。

第三十三条 交单时间

银行在其营业时间外无接受交单的义务。

第三十四条 关于单据有效性的免责

银行对任何单据的形式、充分性、准确性、内容真实性或法律效力,或对单据中规定或添加的一般或特殊条件,概不负责;银行对任何单据所代表的货物、服务或其他履约行为的描述、数量、重量、品质、状况、包装、交付、价值或其存在与否,或对发货人、承运人、货运代理人、收货人、货物的保险人或其他任何人的诚信与否、作为或不作为、清偿能力、履约或资信状况,也概不负责。

第三十五条 关于信息传递和翻译的免责

当报文、信件或单据按照信用证的要求传输或发送时,或当信用证未做指示,银行自行选择传送服务时,银行对报文传输或信件或单据的递送过程中发生的延误、中途遗失、残缺或其他错误产生的后果,概不负责。

如果指定银行确定交单相符并将单据发往开证行或保兑行,无论指定银行是否已经承付或议付,开证行或保兑行必须承付或议付,或偿付指定银行,即使单据在指定银行送往开证行或保兑行的途中,或保兑行送往开证行的途中丢失。

银行对技术术语的翻译或解释上的错误,不负责任,并可不加翻译地传送信用证条款。

第三十六条 不可抗力

银行对由于天灾、暴动、骚乱、战争、恐怖主义行为或任何罢工、停工或其无法控制的任何其他原因导致的营业中断的后果,概不负责。

银行恢复营业时,对于在营业中断期间已逾期的信用证,不再进行承付或议付。

第三十七条 关于被指示方行为的免责

a. 为了执行申请人的指示,银行利用其他银行的服务,其费用和风险由申请人承担。

b. 即使银行自行选择了其他银行,如果发出的指示未被执行,开证行或通知行对此亦不负责。

c. 指示另一银行提供服务的银行有责任负担被指示方因执行指示而发生的任何佣金、手续费、成本或开支(费用)。

如果信用证规定费用由受益人负担,而该费用未能收取或从信用证款项中扣除,开证行依然承担支付此费用的责任。信用证或其修改不应规定向受益人的通知以通知行或第二通知行收到其费用为条件。

d. 外国法律和惯例加诸银行的一切义务和责任,申请人应受其约束,并就此对银行负补偿之责。

第三十八条 可转让信用证

a. 银行无办理信用证转让的义务,除非其明确同意。

b. 就本条而言:

可转让信用证系指特别注明"可转让(transferable)"字样的信用证。可转让信用证可应受益人(第一受益人)的要求转为全部或部分由另一受益人(第二受益人)兑用。

转让行系指办理信用证转让的指定银行,或当信用证规定可在任一银行兑用时,指开证行特别如此授权并实际办理转让的银行。开证行也可担任转让行。

已转让信用证指已由转让行转为可由第二受益人兑用的信用证。

c. 除非转让时另有约定,有关转让的所有费用(诸如佣金、手续费、成本或开支)须由第一受益人支付。

d. 只要信用证允许部分支款或部分发运,信用证可以分部分地转让给数名第二受益人。

已转让信用证不得应第二受益人的要求转让给任何其后受益人。第一受益人不视为其后受益人。

e. 任何转让要求须说明是否允许及在何条件下允许将修改通知第二受益人。已转让信用证须明确说明该项条件。

f. 如果信用证转让给数名第二受益人,其中一名或多名第二受益人对信用证修改的拒绝并不影响其他第二受益人接受修改。对接受者而言该已转让信用证即被相应修改,而对拒绝修改的第二受益人而言,该信用证未被修改。

g. 已转让信用证须准确转载原证条款,包括保兑(如果有的话),但下列项目除外:

——信用证金额,

——规定的任何单价,

——截止日,

——交单期限,或

——最迟发运日或发运期间。

以上任何一项均可减少或缩短。

必须投保的保险比例可以增加,以达到原信用证或本惯例规定的保险金额。

可用第一受益人的名称替换原证中的开证申请人名称。

如果原证特别要求开证申请人名称应在除发票以外的任何单据上出现时,已转让信用证必须反映该项要求。

h. 第一受益人有权以自己的发票和汇票(如有的话)替换第二受益人的发票和汇票,其金额不得超过原信用证的金额。经过替换后,第一受益人可在原信用证项下支取自己发票与第二受益人发票间的差价(如有的话)。

i. 如果第一受益人应提交其自己的发票和汇票(如有的话),但未能在第一次要求时照办,或第一受益人提交的发票引发了第二受益人的交单中本不存在的不符点,而其未能在第一次要求时修正,转让行有权将从第二受益人处收到的单据照交开证行,并不再对第一受益人承担责任。

j. 在要求转让时,第一受益人可以要求在信用证转让后的兑用地点,在原信用证的截止日之前(包括截止日),对第二受益人承付或议付。本规定并不损害第一受益人在第三十八条 h 款下的权利。

k. 第二受益人或代表第二受益人的交单必须交给转让行。

第三十九条 款项让渡

信用证未注明可转让,并不影响受益人根据所适用的法律规定,将该信用证项下其可能有权或可能将成为有权获得的款项让渡给他人的权利。本条只涉及款项的让渡,而不涉及在信用证项下进行履行行为的权利让渡。

操作篇

业务背景

　　宁波乾湖日用品有限公司以 CIF 条件出口一批擦窗巾到伦敦,付款方式为信用证。宁波乾湖日用品有限公司将货物装船后,单证员小张根据信用证条款规定准备相应的结汇单据,在交单期内向银行议付结汇。

　　信用证如下:

FORM:CITI-BANK, LONDON

SEQUENCE OF TOTAL	*27: 1/1
FORM OF D/C	*40A: IRREVOCABLE
L/C NO.	*20: BB555
DATE OF ISSUE	*31C: 200305
DATE AND PLACE OF EXPIRY	*31D: 200530 IN CHINA
APPLICANT	*50: NEW-ROAD IMP AND EXP CO.
	NO.555, A.C STREET, LONDON
	BRITISH
BENEFICIARY	*59: NINGBO QIANHU HOME PRODUCT CO.,LTD
	88 QIANHU ROAD YINZHOU NINGBO CHINA
CURRENCY AND AMOUNT	*32B USD10,000.00
AVAILABLE WITH...BY	*41D: WITH ANY BANK BY NEGOTIATION IN CHINA
DRAFTS AT	*42C: AT 45 DAYS AFTER SIGHT
DRAWEE	*42D: ISSUING BANK
PARTIAL SHIPMENT	*43P: NOT ALLOWED
TRANSHIPMENT	*43T: ALLOWED
LOADING/DISPATCH AT/FROM	*44A: ANY CHINESE PORT
FOR TRANSPORTATION TO	*44B: LONDON BRITISH
LATEST DATE OF SHIPMENT	*44C: 200515
DESCRPT OF GOODS	*45A:

MICROFIBER TERRY CLOTH AS PER S/C NO. SH117

ST NO	QUANTITY	UNIT PRICE
768	100,000PCS	USD0.06/PC
769	80,000PCS	USD0.05/PC

CIF LONDON

DOCUMENTS REQUIRED　　　　*46A:

＋SIGNED COMMERCIAL INVOICE IN 3 COPIES SHOWING THAT THE QUALITY OF SHIPMENT IS IN ACCORDANCE WITH THE STIPULATION OF S/C.

　　＋WEIGHT LIST IN 3 COPIES

+FULL SET OF CLEAN ON BOARD OCEAN BILL OF LADING MADE OUT TO ORDER ENDORSED IN BLANK MARKED FREIGHT PREPAID AND NOTIFYING APPLICANT (WITH FULL NAME AND ADDRESS)

+INSURANCE POLICY OR CERTIFICATE IN 2 FOLD ENDORSED IN BLANK FOR 110 PCT OF FULL TOTAL INVOICE VALUE COVERING THE INSTITUE CARGO (A), THE INSTUTE WAR CLAUSE , INSURANCE CLAIM TO BE PAYABLE AT DESTINATION IN THE CURRENCY OF THE DRAFTS

+BENEFICIARY'S CERTIFICATE TO THE EFFECT THAT THE GOODS HAVE COMPLIED ALL TERMS AND CONDITIONS OF THEIR PROFORMA INVOICE NO.2019 CTHS02008 DD.01-05-2019

ADDITIONAL CONDITION： *47A

+A DISCREPANCY FEE OF USD50.00 WILL BE DEDUCTED FROM PROCEEDS ON EACH SET OF DISCREPANT DOCUMENTS PRESENTED

INSTRUCTIONS TO NEGOTIATING BANK： *78

THE NEGOTIATING BANK MUST AIRMAIL THE BENEFICIARY'S DRAFT AND ALL DOCUMENTS IN ONE LOT TO OUR BRANCH

PERIOD OF PRESENTATION   *48：DOCUMENTS MUST BE PRESENTED TO NEGOTIATING BANK WITHIN 15 DAYS FROM THE DATE OF SHIPMENT BUT WITHIN THE VALIDITY OF THE L/C.

CONFIRMATION INSTRUCTION：   *49：WITHOUT

BK TO BK INFO   *72：THIS CREDIT IS SUBJECT TO UCP 600

业务目标

1. 根据信用证判断交单所需的单据。
2. 掌握各类结汇单据包括商业发票、重量单、海运提单、保险单、受益人证明、汇票的格式和内容。
3. 掌握在信用证结汇方式下，发票、重量单、海运提单、保险单、受益人证明、汇票的填制方法。

业务操作

一、业务分析

1. 在信用证支付方式中，单证员拿到信用证后，首先应审核信用证的内容是否与合同和UCP有冲突，如需要修改，则应先联系进口商进行修改，等收到开证行的信用证修改通知书确认信用证准确无误后，方能准备货物，安排货物出运，根据信用证的单据要求缮制结汇单据。

2.在信用证项下制单,一定要满足信用证对单据的要求,做到单证一致,单单一致。

二、制单业务

发票号码:SH-25757

发票日期:2020年4月29日

包装情况:1000PCS/CTN

N.W.: 9KGS/CTN, G.W.: 10KGS/CTN,MEAS.: @ 60X40X50CM

船名:DIEK335 V.007

集装箱型号：1*40'

集装箱号码:MAKU5879524/2973385

提单号码:KFT2582588

提单日期:2020年5月15日

出口人有权签字人:何一山

承运人:中远集装箱运输有限公司　周星

保险单号码:PIC00178141

保险单签发人:李萍

目的港保险代理人:NHANGE INSURANCE SERVICES CO.

678D. DROC. STREET, LONDON

PHONE：00-1-213-296112　FAX:00-1-213-296004

(一)商业发票

1. 商业发票含义

商业发票(COMMERCIAL INVOICE)在对外贸易中简称发票,是出口商开给进口商的载有货物名称、数量、价格等内容的一种商业单据,作为买卖双方交接货物和结算货款的主要依据,是进口国确定征收进口关税的依据,也是买卖双方索赔、理赔的依据。商业发票是全套结汇单据的中心,是出口贸易结算单据中最重要的单据之一,制单时间最早。

在国际贸易中,商业发票的主要作用有以下几个方面:①出口商向进口商发送货物的凭证;②进口商收货、支付货款的凭证;③进出口商记账、报关纳税的凭证;④出口商缮制其他单据的依据。

2. 商业发票缮制

商业发票分为首文、本文和结文三部分。首文部分包括发票名称、出票人、抬头人、发票号码、发票日期、合同号码和信用证号码、运输事项等内容;本文部分包括唛头、货物描述、商品的数量、价格条款等内容;结文部分一般包括信用证中加注的特别条款或文句,还有出票人签字等内容。

商业发票由出口企业自行拟制,没有统一的规定格式,但栏目大致相同,一般来说,商业发票应该具备以下主要内容。

结合上述业务背景,宁波乾湖日用品有限公司缮制的商业发票如下:

1.COMMERCIAL INVOICE

2.EXPORTER	4.NO.
NINGBO QIANHU HOME PRODUCT CO., LTD 88 QIANHU ROAD YINZHOU NINGBO CHINA	SH-25757

	5.DATE APRIL 29, 2020

3.TO	6.FROM: NINGBO CHINA
NEW-ROAD IMP AND EXP CO.	
NO. 555, A.C STREET, LONDON	7.TO: LONDON BRITISH
BRITISH	

8.ISSUED BY:	9.L /C NO.
CITI-BANKE, LONDON	BB555

10.MARKS	11.DESCRIPTION OF GOODS	12.QUANTITY	13.UNIT PRICE	14.AMOUNT
N/M	MICROFIBER TERRY CLOTH AS PER S/C NO. BD56 ST NO 768 769	100,000PCS 80,000PCS	CIF LONDON USD0.06/PC USD0.05/PC	USD6,000.00 USD4,000.00
	TOTAL:	180,000PCS		USD10,000.00

15. TOTAL AMOUNT IN WORDS:SAY U.S.DOLLARS ONE THOUSAND ONLY.

16. THE QUALITY OF SHIPMENT IS IN ACCORDANCE WITH THE STIPULATION OF S/C.

17. 宁波乾湖日用品有限公司

NINGBO QIANHU HOME PRODUCT CO.LTD

何一山

第一栏 Name of Documents(单据名称):商业发票上应注明"commercial invoice"或"invoice"字样,表明这是一张"发票",以便与其他单据区分。在信用证方式下,应同时注意与信用证的规定一致。

第二栏 Exporter(出票人):在信用证方式下,此栏一般填写受益人的名称和地址。

第三栏 To(发票的抬头人):商业发票的"to""buyer""importer"后面为收货人,也成为发票的抬头人。在信用证支付方式下,此栏一般为开证申请人的名称和地址;但有时信用证规定:"COMMERCIAL INOVICE MUST BE IN THE NAME OF ABC COMPANY",则发票抬头人为"ABC COMPANY"。

第四栏 No.(发票号码):此栏填写发票号码,一般由各公司自行编制。

第五栏 Date(发票日期):此栏填写发票日期,通常指发票签发日期。商业发票的日期是所有议付单据中最早的,一般不迟于装运日。但UCP规定,除非信用证另有规定,银行也接受签发日期早于开证日期的发票。

第六栏 From(起运地):此栏按实际运输情况填写起运地(装运港)名称。若信用证出现装运港为中国港口,则在填写商业发票的起运地时,应为具体装运港,不能笼统称为中国港口。

第七栏 To(目的地):此栏按实际运输情况填目的地(目的港)名称。如果货物需要转运,则在此栏后面加上转运港。如:海运至新加坡经中国香港转运,那么此栏应填写 SINGAPORE VIA HONGKONG CHINA 或 SINGAPORE WITH TRANSSHIPMENT AT(W/T AT)HONGKONG CHINA。

第八栏 Issued by(开证行):在信用证方式下,此栏填写开证行名称。

第九栏 L/C No.(信用证号码):在信用证方式下,此栏填写信用证号码。

第十栏 Marks(唛头):此栏应按合同或者信用证规定的唛头填写。如果信用证有关于唛头的规定,就应严格按照信用证规定的内容缮制,比如信用证规定唛头是:"ABC Co. /NY5689/HAMBURG. 1-UP"

则应在发票上打:ABC Co.

　　　　　　　NY5689

　　　　　　　HAMBURG

　　　　　　　No. 1—280

因为唛头最后的"up"通常用货物的总包装件数来代替,如货物一共有280个纸箱,则可为"NO.1—280"。如无唛头,则填制 NO MARKS(N/M)。

第十一栏 Description of Goods(货物描述):发票中的货物描述必须与信用证45A的货物描述保持完全一致,不得使用统称。

制单时在货物名称方面应注意:

①如果证中列明的货物较多,又冠有统称,制单时在具体品名上面应照来证打。

②如果来证规定多种货名,如"STONEW ARE/PORCELAIN WARE/KETCHEN WARE",制单时应根据实际发货情况标注,不能盲目照抄。

③如果证中关于货物的描述用法文或德文等多种语种,制单时应照打,必要时后面可加括号用英文注释。

④凡经包装装运的货物如没有包装单,则发票上最好有包装件数条款,如100SETS、500TONS等。该内容应按实际装运情况填写,并注明包装件数的合计数。如有两种以上包装单位,发票应全部给予注明,并以"PACKAGE"为单位注明合计数。如果以托盘装运,发票应注明包装数量及托盘数量,

两者缺一不可;如果交易货物为散装货,可注明"IN BULK"字样,但不注亦可。

此外,如信用证在货名之后注有"AS PER CONTRACT NO. ×××""AS PER ORDER NO. ×××""AS PER PROFORMA INVOICE NO. ×××""AS PER SAMPLE"等有关发货依据的字样,发票中应照抄或有所体现,如"ALL OTHER DETAILS AS PER CONTRACT NO. ×××"。

第十二栏　Quantity(数量):此栏填写实际发货的数量和计量单位。

第十三栏　Unit Price(单价):此栏应按照合同或信用证规定填写货物的单价。单价有4个组成部分,分别是计价货币、单位价格金额、计量单位、贸易术语。如 USD 5.00/PC CIF OSAKA。

第十四栏　Amount(总值):此栏应根据实际发货的数量和单价乘积填写总值。商业发票的总值不能超过信用证的最高金额。此外,如果信用证要求在发票中扣除佣金,则必须在总金额中扣除佣金,有时信用证无扣除佣金规定,但信用证金额正好是扣除佣金后的净额,那么发票中必须显示扣除佣金,具体操作如下:

(1)若来证要求C3% MUST BE DEDUCTED,此时在发票中应反映扣除佣金的过程。

CIFC3%　　　　　　TOKYO

USD2.00/PC　　　　USD1,000.00

LESS C3%　　　　　USD30.00

CIF NET VALUE　　USD970.00

(2)若来证金额为净价USD970.00,此时在发票中应反映扣除佣金的过程。

CIFC3%　　　　　　TOKYO

USD2.00/PC　　　　USD1,000.00

LESS C3%　　　　　USD30.00

CIF NET VALUE　USD970.00

(3)若来证要求SHOWING C3%,此时在发票中应显示扣除佣金的过程。

CIFC3%　　　　　　TOKYO

USD2.00/PC　　　　USD1,000.00

C3%　　　　　　　USD30.00

第十五栏　Total Amount In Words(大写总值):此栏根据小写金额翻译而成,格式为以SAY开始,ONLY结尾,中间依次为货币成名、大写数字。如USD300.00 SAY U.S. DOLLARS THREE HUNDRED ONLY。

第十六栏　Special Conditions(特殊条款):在左下角或者货描空白处显示信用证加注的内容,如加注特定号码、证明文句,声明文句力求语言简洁、确切、通顺,有些条款不能按原文抄,而要视具体情况重新组织。大致有以下几种:

1)加注运费、保险费、净价

＋Commercial invoice in triplicate showing freight charge, premium, FOB value respectively.

2)注明特定号码,如合同号、进口许可证、信用证号码等

＋Signed commercial invoice in quintuplicate marked license No.123 and B/L No.cos123.

3)缮打证明文句

(1)证明所到货物与合同或订单所列货物相符。

如:We hereby certify that the goods named have been supplied in conformity with Order No. 123.

兹证明本发票所列货物与第123号合同相符。

（2）证明原产地。

如：We hereby certify that the above mentioned goods are of Korean Origin.

兹证明所列货物系韩国产。

（3）证明不装载于或停靠限制的船只或港口。

如：We hereby certify that the goods mentioned in this invoice have not been shipped on board of any vessel flying Japanese flag or due to call at any Japanese port.

兹证明本发票所列货物不装载悬挂日本国旗或驶靠任何日本港口的船只。

（4）证明货真价实。

如：We certify that this invoice is in all respects true and correct both as regards to the price and description of the goods referred herein.

兹证明本发票所列货物在价格和品质规格各方面均真实无误。

如：We hereby certify that the contents of invoice herein are true and correct.

兹证明发票中的内容是真实正确的。

第十七栏　Signature（签署）：此栏盖上出口公司及负责人的签字印章。根据UCP，除非另有规定商业发票无须签署；如要求 Signed Invoice，则必须签署；如要求 Manually signed（Handwritten）Invoice，则必须手签。

（二）重量单

1. 重量单含义

重量单（Weight list），重量单在装箱单的基础上详细表明了货物的每箱毛重、净重、总重量等，供买方安排运输、存仓时参考。

2. 重量单缮制

重量单没有统一的格式，在填制过程中应与实际货物的装箱情况相符，主要包括以下主要内容：

（1）"Weight Memo" "Weight List/Weight Note"字样、号码、日期、信用证号码等。

（2）商品的名称、唛头、包装单位、净毛重、体积等。

（3）特殊条款及签章等。

结合上述业务背景，宁波乾湖日用品有限公司缮制的重量单如下：

1.WEIGHT LIST

2.EXPORTER NINGBO QIANHU HOME PRODUCT CO., LTD 88 QIANHU ROAD YINZHOU NINGBO CHINA		4.INVOICE NO. SH-25757		
		5.DATE APRIL 29, 2020		
3.TO NEW-ROAD IMP AND EXP CO. NO. 555, A.C STREET, LONDON BRITISH		6.FROM NINGBO CHINA		
		7.TO LONDON BRITISH		
8.ISSUED BY: CITI-BANKE, LONDON		9.L /C NO. BB555		

10.MARKS	11.DESCRIPTION OF GOODS	12.QTY	WEIGHT		15.MEAS
			13.NET	14.GROSS	

N/M	MICROFIBER TERRY CLOTH AS PER S/C
	
	NO. BD56
	
	    ST NO
	
	    768
	
	    769
	
	    TOTAL
		
		100, 000PCS
		/100CTNS
		
		80, 000PCS/
		80CTNS
		
		180, 000PSC
		/180CTNS
			
			@9. 00KGS
			
			900. 00KGS
			
			720. 000KGS
			
			1, 620. 00KGS
				
				@10. 00KGS
				
				1, 000. 00KGS
				
				800. 00KGS
				
				1, 800. 00KGS
					
					@0. 120CBM
					
					12. 000CBM
					
					9. 600CBM
					
					21. 600CBM

16. TOTAL PACKAGE IN WORDS: SAY ONE HUNDRED AND EIGHT CARTONS ONLY.

17.

18. 宁波乾湖日用品有限公司

NINGBO QIANHU HOME PRODUCT CO., LTD

何一山

第一栏　Name of Documents(单据名称)：此栏应根据信用证的要求填制。

第二栏　Exporter(出票人)：在信用证方式下，一般应与受益人名称和地址一致。

第三栏　To(重量单的抬头人)：重量单的"to""buyer""importer"后面为收货人，也称为抬头人。在信用证支付方式下，一般为开证申请人的名称和地址；但有时信用证规定"COMMERCIAL INOVICE MUST BE IN THE NAME OF ABC COMPANY"，则重量单抬头人为"ABC COMPANY"。

第四栏　No.(重量单号码)：此栏填写发票号码，一般由各公司自行编制。

第五栏　Date(发票日期)：此栏填写发票日期。

第六栏　From(起运地)：此栏按实际运输情况填写起运地(装运港)名称。若信用证出现装运港为中国港口，则在填写商业发票的起运地时，应为具体装运港，不能笼统为中国港口。

第七栏　To(目的地)：此栏按实际运输情况填目的地(目的港)名称。如果货物需要转运，则在此栏后面加上转运港。如海运至新加坡经中国香港转运，那么此栏应填写"SINGAPORE VIA HONGKONG CHINA"或SINGAPORE WITH TRANSSHIPMENT AT(W/T AT) HONGKONG CHINA"。

第八栏　Issued By(开证行)：在信用证方式下，填写开证行名称。

第九栏　L/C No.(信用证号码)：在信用证方式下，此栏填制信用证号码。

第十栏　Marks(唛头)：此栏应按合同或者信用证规定的唛头填写，与商业发票的唛头一致。

第十一栏　Description of Goods(货物描述)：信用证方式下货物描述必须与信用证的货物描述一致。

第十二栏　Quantity(数量)：此栏填写实际发货的包装单位和数量，如3,000PCS/300CNTS。

第十三栏　Net Weight(净重)：此栏填写实际发货的净重，计量单位采用千克(KG)，需保留2位小数。

第十四栏　Gross Weight(毛重)：此栏填写实际发货的毛重，计量单位采用千克(KG)，需保留2位小数。

第十五栏　Measurement(体积)：此栏填写实际发货的体积，计量单位采用立方米(CBM)，需保留3位小数。

第十六栏　Total Package In Words(大写包装)：此栏大写包装单位，格式为以SAY开始，ONLY结尾，如300CTNS SAY THREE HUNDRED CARTONS ONLY。

第十七栏　Special Conditions(特殊条款)：根据信用证的规定或特别要求加注的内容，如证明文句、显示的信用证日期等，可在重量单的左下角空白处加注。

第十八栏　Signature(签署)：此栏盖上出口公司及负责人的签字印章。

(三)保险单

1. 保险单含义

保险单(insurance policy)，又称"大保单"，是保险公司与被保险人之间订立的正式的保险合同，是双方当事人进行索赔和理赔的依据。在CIF/CIP合同中，出口商提交符合规定的保险单是必不可少的义务。除L/C另有规定，保险单据一般应做成可转让的形式，以受益人为投保人并由其背书。

2. 保险单缮制

结合上述业务背景，缮制保险单如下：

中国人民保险公司
THE PEOPLE'S INSURANCE COMPANY OF CHINA

2. 发票号码

INVOICE NO.：SH-25757

3. 保险单号次

POLICY NO.：PIC00178141

1. 保 险 单
INSURANCE POLICY

中国人民保险公司（以下简称"本公司"）

This Police of Insurance witnesses that The People's Insurance Company of China (hereinafter called "The Company")

根据

at the request of 4.   NINGBO QIANHU HOME PRODUCT CO.,LTD

（以 下 简 称 " 被 保 险 人 "） 的 要 求， 由 被 保 险 人

(hereinafter called the "Insured")and in consideration of the agreed premium

向 本 公 司 缴 付 约 定 的 保 险 费， 按 照 本 保 险 单

paying to the Company by the Insured, Undertakes to insure the undermentioned

承 保 险 别 和 背 面 所 载 条 款 与 下 列 特 款 承 保

Goods in transportation subject to the conditions of this Policy as per Clauses

下 述 货 物 运 输 保 险， 特 立 本 保 险 单 。

printed overleaf and other special clauses attached hereon.

5. 标　记 Marks & Nos	6. 包装及数量 Quantity	7. 保险货物项目 Description of Goods	8. 保险金额 Amount Insured
N/M	180CTNS	MICROFIBER TERRY CLOTH	USD11,000.00

9. 总保险金额

Total Amount Insured: SAY U.S.DOLLARS ELEVEN THOUSAND ONLY.

10. 保险费   11. 费率   12. 装载运输工具

Premium AS ARRANGED   Rate AS ARRANGED   Per conveyance S.S DIEK335 V.007

13. 开航日期   14. 自   至

Sig. on or abt   AS PER B/L   From NINGBO, CHINA   To LONDON BRITISH

15. 承保险别

Conditions

THE INSTITUE CARGO (A), THE INSTUTE WAR CLAUSE

所保货物，如遇出险，本公司凭本保险单及其他有关证件给付赔款。

Claims, if any, Payable On, surrender of this Policy together with other relevant documents.

所保货物，如发生本保险单项下负责赔偿的损失事或事故，应立即通知本公司下述代理人查勘。

In the event of accident whereby loss or damage may result in a claim under this policy immediate notice applying for survey must be given to the company's Agent as mentioned hereunder.

16. NHANGE INSURANCE SERVICES CO.

678D. DROC. STREET, LONDON BRITISH

PHONE: 00-1-213-296112 FAX: 00-1-213-296004

19. 中国人民保险公司宁波分公司

THE PEOPLE'S INSURANCE CO.OF CHINA NINGBO BRANCH

李　萍

17. 赔款偿付地点   18. 日期

Claim payable at   LONDON BRITISH IN USD   DATE   MAY 14,2020

第一栏 单据名称(Name of Documents):此栏按照信用证和合同填制,如来证规定"INSURANCE POLICY IN DUPLICATE",即要求出具保险单而非保险凭证(INSURANCE CERTIFICATE)等。

第二栏 发票号码(Invoice No.):此栏填写商业发票号码。

第三栏 保险单号次(Policy No.):此栏填写保险单号码。

第四栏 被保险人(Insured):保险的抬头,正常情况下在CIF下是L/C的受益人。

第五栏 唛头(Marks & Nos):根据合同或信用证的要求填制唛头。

第六栏 包装及数量(Quantity):此栏填写货物的最大包装件数,与提单一致。

第七栏 保险货物项目(Description of Goods):此栏根据填写货物的名称,通常情况下填写货物统称。若信用证中对保险单据有特殊要求可填此栏下方。如来证要求"L/C NO.MUST BE INDICATED IN ALL DOCUMENTS",即在此栏品名下方填上"L/C NO.XXX"。

第八栏 保险金额(Amount Insured):按信用证要求进行投保加成,信用证若没有特别要求,一般按CIF/CIP发票金额的110%投保,发票金额包含佣金和折扣,应先扣除折扣再加成投保。保险金额若有小数点,则一律进位取整。

第九栏 总保险金额(Total Amount Insured):此栏大写保险金额,用英文大写表示,大小写金额须保持一致。

第十栏 保险费(Premium):此栏一般由保险公司填制或已印好AS ARRANGED,除非信用证另有规定,如"INOURANCE POLICY ENDORSED IN BLANK FULL INVOICE VALUE PLUS 10% MARKED PREMIUM PAID"时,此栏就填入"PAID"或把已印好的"AS ARRANGED"删去加盖校对章后打上"PAID"字样。

第十一栏 费率(Rate):此栏由保险公司填制或已印上"AS ARRANGED"字样。

第十二栏 装载运输工具(Per conveyance S.S):此栏应按照实际情况填写,当运输由两段或两段以上运程完成时,应把各种运输的船只名填在上面,如提单上的一程船名是"EAST WIND",二程船名为"RED STAR",本栏应填:EAST WIND/RED STAR。

第十三栏 开航日期(SLG. on or ABT):填写本批货物运输单据的签发日期,如为海运,可填"As per B/L",也可以为具体的运输单据的签发日期。

第十四栏 起讫地点(FROM ... TO...):此栏填制货物实际装运的起运港口和目的港口名称,货物如转船,也应把转船地点填上,如"FROM NINGBO,CHINA TO NEW YORK,USA VIA HONGKONG CHINA (W/T AT HONGKONG CHINA)"。

注:有时信用证中未明确列明具体的起运港口和目的地港口,如ANY CHINESE PORT或ANY JAPANESE PORT,填制时应根据货物实际装运选定一个具体的港口,如"SHANGHAI CHINA"或"OSAKA JAPAN"等。

第十五栏 承保险别(Condition):按信用证规定的保险险别填写,并注明依据的保险条款按投保单中起讫地点填写,名称及其颁布年份,如"covering all risks and war risks as per PICC 1/1981"。

第十六栏 保险代理人(Insurance Agent):此栏应该填写目的港保险代理人信息,且应该具体明确,以便于出险后货主能立刻进行索赔。

第十七栏 赔款偿付地点(Claim payable at):此栏应按照信用证填制,如无具体规定,一般将目的地作为赔付地点,将目的地名称填入这栏,赔款货币为投保险金额相同的货币。

第十八栏 日期(Date):此栏填写保险单的签发日期,时间不能晚于运输单据签发日。

第十九栏　保险公司盖章(Authorized Signature)：保险单经保险公司签章后才能有效，其签章一般已事先印制在保险单的右下角，然后由授权人签名即可。

知识链接

保险单据的种类

1. 保险单(Insurance Policy)

保险单是一种正规的保险合同，是完整独立的保险文件。保险单背面印有货物运输保险条款（一般表明承保的基本险别条款的内容），还列有保险人的责任范围及保险人与被保险人各自的权利、义务等方面的条款，俗称大保单。

2. 保险凭证(Insurance certificate)

保险凭证是表示保险公司已经接受保险的一种证明件，又称为小保单，是一种简化了的保险合同。它包括保险单的基本内容，但不附有保险条款全文。这种保险凭证与保险单有同等的法律效力。

3. 联合凭证(Combined Certificate)

联合凭证是更为简化的保险凭证（仅仅在中资银行和华商中使用）又称为承保证明。保险公司仅将承保险别、保险金额及保险编号加注在我国进出口公司开具的出口货物发票上，并正式签章即作为已经保险的证据。

4. 预约保险单(Open Policy)

预约保险单是进口贸易中，被保险人（一般为进口人）与保险人之间订立的总合同。订立这种合同既可以简化保险手续，又可以使货物一经装运即可取得保障。

5. 保险声明(Insurance Declaration)

预约保险单项下的货物一经确定装船，要求被保险人立即以保险声明书的形式，将该批货物的名称、数量、保险金额、船名、起讫港口、航次、开航日期等通知保险人，银行可将保险声明书当作一项单据予以接受。

6. 批单

保险单出立后，如需变更其内容，可由保险公司另出的凭证注明更改或补充的内容，称为批单。批单须粘在保险单上并加盖骑缝章，作为保险单不可分割的一部分。

(四)海运提单

1. 海运提单含义

海运提单(Bill of Lading，简称 B/L)是指由船长或承运人（或其代理人）签发的，证明收到特定货物，允诺将货物运至指定目的地并交付收货人的书面凭证。

海运提单的性质：

(1)海运提单是表明承运人收到货物后出具的货物收据。

(2)海运提单是承运人与托运人之间订立的运输契约的证明。

(3)海运提单是一种物权凭证。

2. 海运提单缮制

海运提单没有统一的格式，每个船公司都有自己的额提单格式，常见的海运提单格式如下：

1. Shipper Insert Name, Address and Phone	23.B/L No.
NINGBO QIANHU HOME PRODUCT CO.,LTD 88 QIANHU ROAD YINZHOU NINGBO CHINA	KFT2582588

2. Consignee Insert Name, Address and Phone

TO ORDER

中远集装箱运输有限公司
COSCO CONTAINER LINES
TLX: 33057 COSCO CN
FAX: +86(021) 6545 8984

ORIGINAL

Port-to-Port or Combined Transport
BILL OF LADING

3. Notify Party Insert Name, Address and Phone
(It is agreed that no responsibility shall attach to the Carrier or his agents for failure to notify)

NEW-ROAD IMP AND EXP CO.

NO. 555, A.C STREET,
LONDON BRITISH

RECEIVED in external apparent good order and condition except as other-Wise noted. The total number of packages or unites stuffed in the container, The description of the goods and the weights shown in this Bill of Lading are Furnished by the Merchants, and which the carrier has no reasonable means Of checking and is not a part of this Bill of Lading contract. The carrier has Issued the number of Bills of Lading stated below, all of this tenor and date, One of the original Bills of Lading must be surrendered and endorsed or sig-Ned against the delivery of the shipment and whereupon any other original Bills of Lading shall be void. The Merchants agree to be bound by the terms And conditions of this Bill of Lading as if each had personally signed this Bill of Lading.

SEE clause 4 on the back of this Bill of Lading (Terms continued on the back Hereof, please read carefully).

*Applicable Only When Document Used as a Combined Transport Bill of Lading.

4. Combined Transport * Pre-carriage by	5. Combined Transport* Place of Receipt
6. Ocean Vessel Voy. No. DIEK335 V.007	7. Port of Loading NINGBO, CHINA
8. Port of Discharge LONDON BRITISH	9. Combined Transport * Place of Delivery

10.Marks & Nos. Container / Seal No.	11.No. of Containers or Packages	12.Description of Goods (If Dangerous Goods, See Clause 20)	13.Gross Weight Kgs	14.Measurement
N/M MAKU5879524/2973385 1*40'	180CTNS	MICROFIBER TERRY CLOTH ON BOARD MAY 15, 2020	1,800.00KGS	21.600CMB
		Description of Contents for Shipper's Use Only (Not part of This B/L Contract)		

15. Total Number of containers and/or packages (in words) SAY ONE HUNDRED AND EIGHTY CARTONS ONLY.
Subject to Clause 7 Limitation

16. Freight & Charges	Revenue Tons	Rate	Per	Prepaid	Collect
					FREIGHT PREPAID
Declared Value Charge					

Ex. Rate:	17.Prepaid at NINGBO, CHINA	18.Payable at	19.Place and date of issue MAY15, 2020 NINGBO, CHINA
	20.Total Prepaid	21.No. of Original B(s)/L THREE	22.Signed for the Carrier 中远集装箱运输有限公司 COSCO CONTAINER LINES 周星 AS CARRIER

第一栏　Shipper（托运人）：托运人即委托承运人装货的货主。在信用证支付方式下，一般信用证规定以受益人名称及地址填写托运人，但如果信用证没有特别规定，可以是第三方发货人。

第二栏　Consignee（收货人）：该栏为提单的抬头，在信用证支付方式下应严格按信用证规定制作。如要求记名提单，则可填上具体的收货公司或收货人名称；如属指示提单，则填为"TO ORDER"；如需在提单上列明指示人，则可根据不同要求，做成"TO THE ORDER OF SHIPPER""TO THE ORDER OF CONSIGNEE"或"TO THE ORDER OF XX BANK"。

第三栏　Notify Party（被通知人）：这是货物到达目的港时发送到货通知的对象。几乎所有的提单上都有被通知人这一项，但在记名提单上就没有必要再填写被通知人，这时可以填写"same as consignee"。通知人有时还作为预定收货人、第二收货人或代理人、通知人必须与信用证规定的完全一致。如信用证没有规定，则此栏可不填，如已经填写了内容，银行可以接受但不必进行审核。

第四栏　Combined Transport Pre-carriage by（前程运输）：此栏为"多式联运"方式而设，不能作为转船提单时打明第一程海轮名称的栏目，单式海运不必填注。

第五栏　Combined Transport Place of Receipt（收货地点）：此栏为"多式联运"方式而设，填写收货地，单式海运不必填注。

第六栏　Ocean Vessel Voy. No.（船名船次）：若货物需要转运，则填写第二程船名；若货物不需要转运，则填写第一程船的船名。

第七栏　Port of Loading（装运港）：填写实际装运货物的港名。信用证项下一定要符合信用证的规定和要求。如果信用证规定为"中国港口"（Chinese Port），则此时不能照抄，而要按装运的我国某一港口实际名称填写。

第八栏　Port of Discharge（卸货港）：此栏填写卸货港（即目的港）名称。

第九栏　Combined Transport Place of Delivery（交货地点）：填写最终目的地名称，如果货物的目的地是目的港的话，空白这一栏。

第十栏　Marks & Nos., Container/Seal No.（唛头及集装箱号码、铅封号）：此栏应按照合同或信用证要求填制唛头，并注意做到单单一致。如无唛头，则填N/M，并按要求填写集装箱号码和铅封号。

第十一栏　No. of Containers or Packages（包装种类和数量）：此栏填写最大包装数。一般散装货物，该栏只填"In Bulk"。

第十二栏　Description of Goods（货物描述）：此栏填写所装货物名称。除信用证另有规定外，只要打出货物的统称即可，不必详细类名商品的规格、成分等，但不得与商业发票货描相矛盾。若需要签发人在提单上备注一些信息，或者加盖已装船章、电放章等，也可以写在货名下方。

第十三栏　Gross Weight（毛重）：除非信用证有特别规定，提单上一般只填货物的总毛重而不表明净重。一般重量均以千克（kg）表示，保留2位小数。

第十四栏　Measurement（体积）：除非信用证有特别规定，提单上一般只填货物的总体积。一般重量均以立方米（m³）表示，保留3位小数。

第十五栏　Total Number of containers and/or packages (in words)（大写件数）：此栏填写大写包装数，如总件数为320 CARTONS填写在第十一栏下，则在第十五栏填写"SAY THREE HUNDRED AND TWENTY CARTONS ONLY"。

第十六栏　Freight & Charges（运费支付）：信用证项下提单的运费支付情况，按其规定填写。一般根据成交的价格条件分为两种：若在CIF和CFR条件下，则注明"Freight Prepaid"或"Freight Paid"；FOB条件下则填"Freight Collect"或"Freight Payable at Destination"。若租船契约提单有时要求填"Freight Payable as Per Charter Party"。有时信用证还要求注明运费的金额,按实际运费支付额填写即可。

第十七栏 Prepaid at(运费预付至):在CFR/CIF贸易术语下,此栏填写运费预付的地点。

第十八栏 Payable at(运费到付至):在FOB贸易术语下,此栏填写运费到付的地点。

第十九栏 Place and date of Issue(签发地点与日期):提单的签发地点一般为装运港,日期则按实际装运期填写。

第二十栏 Total Prepaid(共支付运费):此栏可不填写。

第二十一栏 No. of Originals B(s)/L(提单签发的份数):信用证支付方法下提单正本的签发份数一般都有明确规定,因此,一定要按信用证的规定出具要求的份数。例如信用证规定"3/3 set of Original clean on board ocean Bill of Lading...",这就表明提单签发的正本3份,在提交给银行议付时必须是3份正本。又如信用证规定"Full set of clean on board Bill of Lading issued...",此种规定没有具体表明份数,而是指"全套",根据UCP第23条a(4)款规定"包括一套单独一份的正本提单,或如果签发正本超过一份",则包括出立的全套正本。因此,对此类规定,就要看实际船方签发正本的份数而定。

第二十二栏 Signed for the Carrier(提单的签署):提单可以有承运人和承运人代理人签发,签发提单时必须表明签发人的身份,若是承运人签发表明"AS CARRIER",若是承运人代理签发,则表明"AS AGENT",若是信用证支付方式,还需进一步表明承运人,即"AS AGENT FOR THE CARRIER×××"。

例如:

(1)承运人签字

提单签署:XXX CO.

(签名)

AS CARRIER

(2)承运人代理签字

提单签署:XXX CO.

(签名)

AS AGENT FOR THE CARRIER:XXX

第二十三栏 B/L NO.(提单号码):一般位于提单的右上角,是为便于工作联系和核查,承运人对发货人所发货物承运的编号。其他单据中,如保险单、装运通知的内容往往也要求注明提单号。

(五)受益人证明

1.受益人证明的含义

受益人证明(Beneficiary's Certificate)是一种由受益人自己出具的证明,以便证明自己履行了信用证规定的任务或证明自己按信用证的要求办事,如证明所交货物的品质、证明运输包装的处理、证明按要求寄单等。受益人证明是信用证结汇方式下特有的一张单据。

2.受益人证明缮制

受益人证明一般无固定格式,内容多种多样,以英文制作,通常签发一份。

结合上述业务背景,缮制受益人证明如下:

1. BENEFICIARY'S CERTIFICATE

2. INV. NO.:SH－25757

3. L/C NO.：BB555

4. DATE：MAY 15,2020

5. TO WHOM IT MAY CONCERN:

WE CERTIFY THAT THE GOODS HAVE COMPLIED ALL TERMS AND CONDITIONS OF THEIR PROFORMA INVOICE NO.2019CTHS02008 DD.01-05-2019

6.

7. 宁波乾湖日用品有限公司

NINGBO QIANHU HOME PRODUCT CO.,LTD

何一山

第一栏　Name of Documents(单据名称)：此栏根据信用证要求填写"BENBFICIARY'S CERTIFICATE"。

第二栏　Invoice No.(发票号码)：此栏填写发票号码。

第三栏　L/C No.(信用证号码)：在信用证方式下,此栏填制信用证号码。

第四栏　Date(出证日期)：根据证明的情况不同,出证时间也会不同,一般可与装船相同。

第五栏　Contents(证明内容)：应根据合同或信用证要求,缮打证明内容。此处一般以"WE HEREBY CERTIFY THAT…"或者"THIS IS TO CERTIFY THAT…"开始,注意证明内容英语时态的变化,一般为现在完成时,并要注意当事人的人称的转化。除人称、时态要改之外,其他可照抄信用证的原文。

第六栏　Special Conditions(特殊条款)：在左下角或者货描空白处显示信用证加注的内容。

第七栏　Signature(受益人名称及负责人签字)：此栏盖上出口公司及负责人的签字印章。

(六)汇票

1. 汇票含义

汇票(Bill of Exchange)是出票人签发的,委托付款人在见票时或者在指定日期无条件支付确定的金额给收款人或者持票人的票据。

2. 汇票缮制

信用证结算方式下的汇票缮制,不仅要严格符合信用证的要求,还要符合汇票的规范制法。

结合上述业务背景,缮制受益人证明如下：

BILL OF EXCHANGE

凭
Drawn under　　1. CITI-BANKE, LONDON

信用证　第　　　号
L/C No.　　　　2. BB555

日期
Dated　3. MARCH 05,2020　　支取 Payable with interest@

% per annum 按年息＿＿＿＿＿＿付款

号码　　　　　　汇票金额
No.　　4. SH-25757　　Exchange for　5. USD10000.00

中国XX　　　年　　　月　　　日
China

见票
At　8. 45 DAYS AFTER　　日后（本汇票之副本未付）付交
sight of this FIRST of Exchange（Second of Exchange

6. NINGBO　　　　7. MAY 20, 2020

10.金额

being unpaid）Pay to the order of　　9. BANK OF CHINA,NINGBO BRANCH　　　the sum of

SAY U.S.DOLLARS TEN THOUSAND ONLY.

款已收讫
Value received
此致

11. CITI-BANK, LONDON

12. 宁波乾湖日用品有限公司
NINGBO QIANHU HOME PRODUCT CO.,LTD
何一山

第一栏　Drawn Under(出票依据)：出票依据是说明开证行在一定的期限内对汇票的金额履行保证付款责任的法律根据,是信用证项下汇票不可缺少的重要内容之一,在 Drawn Under 下开证行名称。

第二栏　L/C No.(信用证号码)：此栏填写信用证号码。

第三栏　Dated (开证日期)：此栏填写信用证开证日期。

第四栏　No.(号码)：一般填写商业发票的号码。

第五栏　Amount in Figures(小写金额)：一般填写确切的金额数目。除非信用证另规定,汇票金额所使用的货币应与信用证和发票所使用的货币一致。在通常的情况下,汇票金额为发票金额的100%,但不得超过信用证规定的最高金额。如果信用证金额有"大约"等字样,则有10%的增减幅度。

第六栏　Address(出票地点)：议付银行所在地。此栏一般由银行事先刷制。

第七栏　Date(出票时间)：指受益人把汇票交给议付行的日期。此栏一般由议付银行代为填制(出票时间不得早于各种单据的出单日期,且在信用证的议付有效日期内)。

第八栏　Tenor(付款期限)：汇票的付款期限主要有两种,即期与远期。

①即期付款条件下,应在"At"与"Sight"之间空白处以虚线(或"*"号,或"X"号)连接。即"At...Sight",表示见票即付。

②远期汇票的付款方式,根据日内瓦《统一汇票本票法》第33条规定,有三种："见票后定期付款、出票日后定期付款、定日付款。"

·见票后定期付款：根据所规定的期限,表示为"At XX days after Sight"。

·出票日后定期付款：根据要求,表示为"At XX days after date",同时将汇票上印就的"Sight"一词划掉。

·定日付款：若要求以提单日后第XX天到期付款,则表示为"At XX days after B/L date",同时将汇票上印就的"Sight"一词画掉,并注明提单日期。

第九栏 Payee(受款人):受款人又称收款人,收款人一般是汇票的抬头人,是出票人指定的接受票款的当事人。有的是以出口商或以其所指定的第三者为受款人。在国际票据市场上,汇票的抬头人通常有3种写法:

①记名式抬头(Demonst Rative Order):在受款人栏目中填写:"付给XXX人的指定人"(PAY TO THE ORDER OF XXX),这种类型的抬头是最普遍使用的一种。

②限制性抬头(Restrictive Order):在受款人栏目中填写"仅付给XXX人"(PAY TOXXX ONLY)或"限付给XXX人,不许转让"(PAY TO XXX ONLY, NOT TRANSFERABLE)。

③持票人抬头(Payable to Bearer):在受款人栏目中填写"付给持票人"(PAY TO BEARER)。

在国际结算业务中,汇票的受款人一般都是以银行指示为抬头的。汇票的受款人一般有3种做法:

·来证规定由中国银行指定或其他议付行,或来证对汇票受款人未做明确规定,通常汇票的受款人应打上:"PAY TO THE ORDER OF BANK OF CHINA"(由中国银行指定)。

·当来证规定由开证行指定时,在汇票的这一栏目应打上:"PAY TO THE ORDED OF XXX BANK"(开证行的名称)。

·当来证规定由偿付行指定时,在汇票的这一栏目应打上:"PAY TO THE ORDEROF XXX BANK"(偿付行名称)。

第十栏 金额(Amount in Words):用大写英语文字表示,并在文字金额后面加上"ONLY",以防止涂改,如"SAY UNITED STATES DOLLARS FIVE THOUSAND SIX HUNDRED ONLY"。信用证使用的货币上面所使用的小写金额应与大写金额一致。《票据法》第8条规定,票据金额以中文大写和数码同时记载,二者必须一致,二者不一致的,票据无效。

第十一栏 Payee(付款人):汇票的受票人(Drawee),在汇票TO后面填写付款人。凡是要求开立汇票的信用证,证内一般都指定了付款人。如果信用证没有指定付款人,按照惯例,一般做成开证行为付款人。

第十二栏 Signature of Drawer(出票人签字):汇票的出票人栏目,一般打上出口商的全称,并由出口商经理签署或盖章,汇票的出票人一般是信用证指定的受益人,按来证照打。

业务拓展

练习:沙特阿拉伯公司与宁波天泰进出口公司达成一批货物出口贸易,开来信用证如下,请根据信用证制作单据:

ISSUING BANK	*NATIONAL COMMERCIAL BANK, JEDDAH
ADVISING BANK	*BANK OF CHINA, NINGBO CHINA
MT:700	ISSUE OF A DOCUMENTARY CREDIT
SEQUENCE OF TOTAL	*27:1/1
FORM OF D/C	*40A:IRREVOCABLE
DC NO.	*20:J120276
DATE OF ISSUE	*31C:200414
DATE AND PLACE OF EXPIRY	*31D:200621 IN CHINA

APPLICANT   *50：BIN HARKIL CO. LTD

                                            P.O.BOX.24113

                                            JEDDAH 214456 SAUDI ARABIA

BENEFICIARY   *59：NINGBO TIANTAI IMPORT&EXPORT CORPORATION

                                            FLOOR 3RD NO.115 MINGGUANG RD.SHOUNAN

                                            SUBDISTRICT YINZHOU NINGBO CHINA

CURRENCY AND AMOUNT   *32B：USD43,000.00

AVAILABLE WITH...BY   *41D：ADVICING BANK

                                            BY NEGOTIATION

DRAFTS AT   *42C：AT SIGHT FOR 100 PCT OF INVOICE VALUE

DRAWEE   *42D：ISSUING BANK

PARTIAL SHIPMENT   *43P：NOT ALLOWED

TRANSHIPMENT   *43T：NOT ALLOWED

LOADING/DISPATCH AT/FROM   *44A：NINGBO, CHINA

FOR TRANSPORTATION TO   *44B：JEDDAH PORT, SAUDI ARABIA

LATEST DATE OF SHIPMENT   *44C：200531

DESCRPT OF GOODS   *45A：

MEN'S SLIPPER DETAILS AS PER S/C NO.00628

ART NO：	UNIT PRICE	QUANTITY
42－2A	USD2.5/PAIR	10,000PAIRS
40－B	USD2.25/PAIR	8,000PAIRS

CIF JEDDAH PORT

DOCUMENTS REQUIRED   *46A：

＋SIGNED COMMERCIAL INVOICE IN TRIPLICATE SHOWING HS CODE 64029920

＋WEIGHT LIST IN TRIPLICATE

＋FULL SET OF CLEAN ON BOARD OCEAN BILL OF LADING MADE OUT TO TOORDER OF SHIPPER, MARKED FREIGHT PREPAID, NOTIFYING APPLICANT

＋INSURANCE POLICY/CERTIFICATE FOR 110% OF INVOICE VALUE COVERING FPA AND WAR RISK OF PICC.

＋BENEFICIARY'S CERTIFICATE CERTIFY THAT THE BENEFICIARY WILL SEND A SET OF NON-NEGOTIABLE SHIPPING DOCUMENTS TO APPLICANT WITHIN 2 DAYS AFTER THE DATE OF B/L.

ADDITIONAL CONDITION：   *47A：

＋A DISCREPANCY FEE OF USD50.00 WILL BE DEDUCTED FROM PROCEEDS ON EACH SET OF DISCREPANT DOCUMENTS PRESENTED

＋THE REQUIRED DOCUMENTS MUST BE SENT TO US, IN ONE LOT BY EXPRESS AIRMAIL.

PERIOD OF PRESENTATION   * 48：DOCUMENTS MUST BE PRESENTED TO

                                            NEGOTIATING BANK WITHIN 15 DAYS

FROM THE DATE OF SHIPMENT BUT WITHIN THE VALIDITY OF THE L/C.

BK TO BK INFO

*72: THIS CREDIT IS SUBJECT TO THE UNIFORM CUSTOMS AND PRACTICE FOR DOCUMENTARY CREDIT, ICC PUBLICATION NO. 600

补充资料

1. INVOICE NO.:SWA09022

2. INVOICE DATE: MAY 05,2020

3. 2 PACKING: 40 PAIRS /CTN

4. N.W.: @ 18KGS, G.W.: @20KGS, MEAS.: @ 60×40×50CM

5. VESSEL NAME & VOY.: S.S EAST STAR V.19W

6. B/L NO.: COS785 B/L DATE: MAY 22,2020

7. 企业有权签字人:张天明

8. 提单签发人:CHINA OCEAN SHIPPING CO.,LTD 汪洋

9. 唛头自制

10. 保险单号码:PIC00178250

11. 保险单签发人:李萍

12. 目的港保险代理人：JEDDAHAN INSURANCE SERVICES CO. DD32, P.O.BOX.1111 JEDDAH SAUDI ARABIA

PHONE：00-12-2-209001 FAX：00-12-2-229082

COMMERCIAL INVOICE

EXPORTER		NO.		
		DATE		
TO		FROM:		
		TO		
ISSUED BY:		L /C NO.		
MARKS	DESCRIPTION OF GOODS	QUANTITY	UNIT PRICE	AMOUNT

TOTAL AMOUNT IN WORDS:

WEIGHT LIST

EXPORTER		INVOICE NO.			
		DATE			
TO		FROM			
		TO			
ISSUED BY:		L /C NO.			

MARKS	DESCRIPTION OF GOODS	QTY	WEIGHT		MEAS.
			NET	GROSS	

TOTAL PACKAGE IN WORDS:

中国人民保险公司

THE PEOPLE'S INSURANCE COMPANY OF CHINA

发票号码   保险单号次
INVOICE NO.:   **保 险 单**   POLICY NO.:
                                  INSURANCE POLICY

中国人民保险公司（以下简称"本公司"）

This Police of Insurance witnesses that The People's Insurance Company of China
(hereinafter called "The Company")

根据

at the request of _____

（以下简称"被保险人"）的要求，由被保险人

(hereinafter called the "Insured")and in consideration of the agreed premium

向本公司缴付约定的保险费，按照本保险单

paying to the Company by the Insured, Undertakes to insure the undermentioned

承保险别和背面所载条款与下列特款承保

Goods in transportation subject to the conditions of this Policy as per Clauses

下述货物运输保险，特立本保险单。

printed overleaf and other special clauses attached hereon.

标　记 Marks & Nos	包装及数量 Quantity	保险货物项目 Description of Goods	保险金额 Amount Insured

总保险金额

Total Amount Insured: _____

保险费　　　　　　　　　费率　　　　　　　　　装载运输工具

Premium AS ARRANGED Rate AS ARRANGED Per conveyance _____

开航日期　　　　　　　　　自　　　　　　　　　至

Sig. on or abt _____ From _____ To _____

承保险别

Conditions

所保货物，如遇出险，本公司凭本保险单及其他有关证件给付赔款。

Claims, if any, Payable On, surrender of this Policy together with other relevant documents.

所保货物，如发生本保险单项下负责赔偿的损失事或事故，应立即通知本公司下述代理人查勘。

In the event of accident whereby loss or damage may result in a claim under this policy immediate notice applying for survey must be given to the company's Agent as mentioned hereunder.

赔款偿付地点　　　　　　　　　　　　　　日期

Claim payable at _____ DATE _____

1. Shipper Insert Name, Address and Phone

B/L No.

2. Consignee Insert Name, Address and Phone

中远集装箱运输有限公司
COSCO CONTAINER LINES
TLX: 33057 COSCO CN
FAX: +86(021) 6545 8984

ORIGINAL

Port-to-Port or Combined Transport
BILL OF LADING

3. Notify Party Insert Name, Address and Phone
(It is agreed that no responsibility shall attach to the Carrier or his agents for failure to notify)

RECEIVED in external apparent good order and condition except as other-
Wise noted. The total number of packages or unites stuffed in the container,
The description of the goods and the weights shown in this Bill of Lading are
Furnished by the Merchants, and which the carrier has no reasonable means
Of checking and is not a part of this Bill of Lading contract. The carrier has
Issued the number of Bills of Lading stated below, all of this tenor and date,
One of the original Bills of Lading must be surrendered and endorsed or sig-
Ned against the delivery of the shipment and whereupon any other original
Bills of Lading shall be void. The Merchants agree to be bound by the terms
And conditions of this Bill of Lading as if each had personally signed this Bill
of Lading.
SEE clause 4 on the back of this Bill of Lading (Terms continued on the back
Hereof, please read carefully).
*Applicable Only When Document Used as a Combined Transport Bill of Lading.

4. Combined Transport * Pre-carriage by	5. Combined Transport* Place of Receipt
6. Ocean Vessel Voy. No.	7. Port of Loading
8. Port of Discharge	9. Combined Transport * Place of Delivery

Marks & Nos. Container / Seal No.	No. of Containers or Packages	Description of Goods (If Dangerous Goods, See Clause 20)	Gross Weight Kgs	Measurement
		Description of Contents for Shipper's Use Only (Not part of This B/L Contract)		

10. Total Number of containers and/or packages (in words)
    Subject to Clause 7 Limitation

11. Freight & Charges	Revenue Tons	Rate	Per	Prepaid	Collect
Declared Value Charge					

Ex. Rate:	Prepaid at	Payable at	Place and date of issue
	Total Prepaid	No. of Original B(s)/L	Signed for the Carrier

BENEFICIARY'S CERTIFICATE

INV.NO:

L/C NO.:

DATE:

BILL OF EXCHANGE

Drawn under ______________________ L/C No. ____________

日期

Dated ____________ 支取 Payable with interest @ % per annum 按年息 付款

号码 汇票金额 中国XX 年 月 日

No. ____________ Exchange for China

见票 日后（本汇票之副本未付）付交

At ____________ sight of this FIRST of Exchange (Second of exchange 金额

being unpaid) Pay to the order of ______________________ the sum of

款已收讫

Value received

此致

To:

参考答案

COMMERCIAL INVOICE

EXPORTER NINGBO TIANTAI IMPORT&EXPORT CORPORATION FLOOR 3RD NO.115 MINGGUANG RD.SHOUNAN SUBDISTRICT YINZHOU NINGBO CHINA	NO. SWA09022
	DATE MAY.05, 2020
TO BIN HARKIL CO. LTD P.O.BOX.24113 JEDDAH 214456 SAUDI ARABIA	FROM: NINGBO CHINA
	TO: JEDDAH PORT,SAUDI ARABIA
ISSUED BY: NATIONAL COMMERCIAL BANK, JEDDAH	L/C NO. J120276

MARKS	DESCRIPTION OF GOODS	QUANTITY	UNIT PRICE	AMOUNT
			CIF	JEDDAH PORT
BIN HARKIL SWA09022 JEDDAH PORT NO.1-450	MEN'S SLIPPER DETAILS 　AS PER S/C NO.00628 　　ART NO: 　　　42-2A 　　　40-B 　HS CODE: 64029920 　　　TOTAL:	 10,000PAIRS 8,000PAIRS 18,000PAIRS	 2.50USD/PAIR 2.25USD/PAIR	 USD25,000.00 USD18,000.00 USD43,000.00

TOTAL AMOUNT IN WORDS: SAY U.S.DOLLARS FORTY-THREE THOUSAND ONLY.

宁 波 天 泰 进 出 口 公 司

NINGBO TIANTAI IMPORT&EXPORT COPRORATION

张开明

WEIGHT LIST

EXPORTER		INVOICE NO.			
NINGBO TIANTAI IMPORT&EXPORT CORPORATION		SWA09022			
FLOOR 3RD NO.115 MINGGUANG RD.SHOUNAN		**DATE**			
SUBDISTRICT YINZHOU NINGBO CHINA		MAY. 05, 2020			
TO		FROM			
BIN HARKIL CO. LTD		NINGBO CHINA			
P. O. BOX. 24113		**TO**			
JEDDAH 214456 SAUDI ARABIA		JEDDAH PORT, SAUDI ARABIA			
ISSUED BY:		L /C NO.			
NATIONAL COMMERCIAL BANK , JEDDAH		J120276			

MARKS	DESCRIPTION OF GOODS	QTY	WEIGHT		MEAS
			NET	GROSS	
BIN HARKIL	MEN'S SLIPPER				
SWA09022	ART NO:		@18.00KGS	@20.00KGS	0.120CBM
JEDDAH PORT	42-2A	10,000PCS /250CTNS	4,500.00KGS	5,000.00KGS	30.000CBM
NO.1-450					
	40-B	8,000PCS/ 200CTNS	3,600.00KGS	4,000.00KGS	24.000CBM
	TOTAL:	18,000PCS /450CTNS	8,100.00KGS	9,000.00KGS	54.000CBM

TOTAL PACKAGE IN WORDS: SAY FOUR HUNDRED AND FIFTY CARTONS ONLY.

宁 波 天 泰 进 出 口 公 司

NINGBO TIANTAI IMPORT&EXPORT COPRORATION

张开明

中国人民保险公司
THE PEOPLE'S INSURANCE COMPANY OF CHINA

发票号码
INVOICE NO.: SWA09022

保　险　单
INSURANCE POLICY

保险单号次
POLICY NO.: PICO0178250

中国人民保险公司（发下简称"本公司"）
This Police of Insurance witnesses that The People's Insurance Company of China (hereinafter called "The Company")

根据
at the request of <u>NINGBO TIANTAI IMPORT&EXPORT CORPORATION</u>

（以下简称"被保险人"）的要求，由被保险人
(hereinafter called the "Insured")and in consideration of the agreed premium

向本公司缴付约定的保险费，按照本保险单
paying to the Company by the Insured, Undertakes to insure the undermentioned

承保险别和背面所载条款与下列特款承保
Goods in transportation subject to the conditions of this Policy as per Clauses

下述货物运输保险，特立本保险单。
printed overleaf and other special clauses attached hereon.

标　记 Marks & Nos	包装及数量 Quantity	保险货物项目 Description of Goods	保险金额 Amount Insured
BIN HARKIL SWA09022 JEDDAH PORT NO. 1-450	450CTNS	MEN'S SLIPPER	USD47,300.00

总保险金额
Total Amount Insured: <u>SAY U.S.DOLLARS FORTY-SEVEN THOUSAND THREE HUNDRED ONLY.</u>

保险费　　　　　　　费率　　　　　　　装载运输工具
Premium <u>AS ARRANGED</u>　Rate <u>AS ARRANGED</u>　Per conveyance <u>EAST STAR V.19W</u>

开航日期　　　　　　自　　　　　　　至
Sig. on or abt <u>AS PER B/L</u> From <u>NINGBO, CHINA</u>　To <u>JEDDAH PORT SAUDI ARABIA</u>

承保险别
Conditions
COVERING FPA　AND WAR RISK OF PICC.

所保货物，如遇出险，本公司凭本保险单及其他有关证件给付赔款。
Claims, if any, Payable On, surrender of this Policy together with other relevant documents.

所保货物，如发生本保险单项下负责赔偿的损失事或事故，应立即通知本公司下述代理人查勘。
In the event of accident whereby loss or damage may result in a claim under this policy immediate notice applying for survey must be given to the company's Agent as mentioned hereunder.

JEDDAHAN　INSURANCE SERVICES CO.　　中 国 人 民 保 险 公 司 宁 波 分 公 司

DD32, P.O.BOX.1111 JEDDAH SAUDI ARABIA THE PEOPLE'S INSURANCE CO.OF CHINA NINGBO BRANCH

PHONE: 00-12-2-209001 FAX 00-12-2-229082　　　　李 萍

赔款偿付地点　　　　　　　　　　　　　日期
Claim payable at <u>JEDDAH PORT IN USD</u>　　　　DATE <u>MAY 21, 2020</u>

1. Shipper Insert Name, Address and Phone	B/L No.
NINGBO TIANTAI IMPORT＆EXPORT CORPORATIO FLOOR 3RD NO.115 MINGGUANG RD. SHOUNAN SUBDISTRICT YINZHOU NINGBO CHINA	COS785

中远集装箱运输有限公司
COSCO CONTAINER LINES
TLX: 33057 COSCO CN
FAX: +86(021) 6545 8984

ORIGINAL

2. Consignee Insert Name, Address and Phone

TO ORDER OF SHIPPER

Port-to-Port or Combined Transport

BILL OF LADING

RECEIVED in external apparent good order and condition except as other-
Wise noted. The total number of packages or unites stuffed in the container,
The description of the goods and the weights shown in this Bill of Lading are
Furnished by the Merchants, and which the carrier has no reasonable means
Of checking and is not a part of this Bill of Lading contract. The carrier has
Issued the number of Bills of Lading stated below, all of this tenor and date,
One of the original Bills of Lading must be surrendered and endorsed or sig-
Ned against the delivery of the shipment and whereupon any other original
Bills of Lading shall be void. The Merchants agree to be bound by the terms
And conditions of this Bill of Lading as if each had personally signed this Bill
of Lading.
SEE clause 4 on the back of this Bill of Lading (Terms continued on the back
Hereof, please read carefully).
*Applicable Only When Document Used as a Combined Transport Bill of Lading.

3. Notify Party Insert Name, Address and Phone
(It is agreed that no responsibility shall attach to the Carrier or his agents for failure to notify)

BIN HARKIL CO. LTD
P.O.BOX. 24113
JEDDAH 214456 SAUDI ARABIA

4. Combined Transport * Pre-carriage by	5. Combined Transport* Place of Receipt
6. Ocean Vessel Voy. No. EAST STAR V.19W	7. Port of Loading NINGBO, CHINA
8. Port of Discharge JEDDAH PORT SAUDI ARABIA	9. Combined Transport * Place of Delivery

Marks & Nos. Container / Seal No.	No. of Containers or Packages	Description of Goods (If Dangerous Goods, See Clause 20)	Gross Weight Kgs	Measurement
BIN HARKIL SWA09022 JEDDAH PORT NO. 1-450	450CTNS	MEN'S SLIPPER ON BOARD MAY 22, 2020	9,000.00KGS	54.000CMB
		Description of Contents for Shipper's Use Only (Not part of This B/L Contract)		

10. Total Number of containers and/or packages (in words) SAY FOUR HUNDRED AND FIFTY CARTONS ONLY.
    Subject to Clause 7 Limitation

11. Freight & Charges	Revenue Tons	Rate	Per	Prepaid	Collect
					FREIGHT PREPAID
Declared Value Charge					

Ex. Rate:	Prepaid at NINGBO, CHINA	Payable at	Place and date of issue MAY 22, 2020 NINGBO, CHINA
	Total Prepaid THREE	No. of Original B(s)/L	Signed for the Carrier CHINA OCEAN SHIPPING CO.,LTD 汪洋 AS COSCO

BENEFICIARY'S CERTIFICATE

INV. NO.:SWA09022
L/C NO.: J1202076
DATE：MAY 22,2020

TO WHOM IT MAY CONCERN：

WE CERTIFY THAT THE BENEFICIARY HAS SENT A SET OF NON-NEGOTIABLE SHIPPING DOCUMENTS TO APPLICANT（BIN HARKIL CO. LTD P.O.BOX.24113 JEDDAH 214456 SAUDI ARABIA）WITHIN 2 DAYS AFTER THE DATE OF B/L.

宁波天泰进出口公司
NINGBO TIANTAI IMPORT & EXPORT CORPORATION
张开明

BILL OF EXCHANGE

凭
Drawn under NATIONAL COMMERCIAL BANK, JEDDAH

信用证 第 号
L/C No. ____ J120276 ____

日期
Dated ____ APR.14,2020 ____ 支取 Payable with interest@ ____ % per annum 按年息 _____ 付款

号码   汇票金额   中国   年   月   日
No. ____ SWA09022 ____ Exchange for USD43,000.00   NINGBO China MAY 25,2020

见票   日后(本汇票之副本未付)付交
At _____ *** _____ sight of this FIRST of Exchange（Second of Exchange   金额

being unpaid）Pay to the order of BANK OF CHINA, NINGBO CHINA _____   the sum of

SAY U.S.DOLLASRS FORTY-THREE THOUSAND ONLY.

款已收讫
Value received
此致
To:
NATIONAL COMMERCIAL BANK, JEDDAH _____

宁波天泰进出口公司
NINGBO TIANTAI IMPORT & EXPORT CORPORATION
张开明

项目四　单据范例

一、形式发票

NINGBO XXX IMPORT &EXPORT CO.,LTD

22ND FLOOR, NORTH BUILDING, NO.1299 YINXIAN
EAST ROAD, NINGBO

PROFORMA INVOICE

DATE: 8 de octubre de 2019
CUSTOMER IMPLEMENTOS AGRICOLAS CENTROAMERICANOS S.A DE C.V.
ADDRESS: FINAL CALLE LIBERTAD PONIENTE. PARQUE INDUSTRIAL SANTA LUCIA. SANTA ANA, EL SALVADOR C. A.

PHONE (+503) 2484-0027
EMAIL lhernandez@imacasa.com   **ORDER:** 19HPI0657

QUANTITY PCS	PCS BY INNER	PCS BY MASTER	SUPPLIER CODE	IMACASA CODE	IMACASA ITEM NO	CBM	DESCRIPTION	UNIT PRICE	TOTAL
9,072	12	144	L-100A	10964	REP-CU18MM	0.898	Spare blades, 1. Brand:IMACASA 2. Blade:SK4 material, 18mm, 7 snap-off 3.Package:10pcs into transparent plastic tube, with paper hanging card, then into white inner box, then into export carton	$0.440	$3,991.68
						0.898			
								Extra export cost	$250.00
								TOTAL AMOUNT	$4,241.68

INCOTERM: FOB INCOTERM 2010
TRANSPORT: BY SEA
PLACE OF DELIVERY: SHANGHAI,CHINA
ETD: ABOUT 85DAYS AFTER WE GET YOUR ORDER CONFIRMATION AND ALL NEW ARTWORKS.
PAYMENT TERM: 100% T/T AGAINST COPIES OF SHIPPING DOCUMENTS
REMARK: PROQC INTERNATIONAL inspection before shipment in factory, to be paid by IMACASA.

IMPORTANT NOTICE:
With the sole acceptance of this Purchasing Order (P.O.), the supplier confirms that the Factory he/she represents, makes business in an ethical and honest manner, complying with the following conditions: a) There are no employees under 18 years of age working in the factory; b) The factory provides workers with a safe and healthy work environment and complies with all applicable national laws related to labor; c) The factory complies with all applicable laws and regulations related environment and natural resources preservation; d) The factory has written anti-corruption policies and also provides trainings relative to anti-corruption to all employees.

BANK DETAIL:

BENEFICIARY:	
ACCOUNT NUMBER: 3940201404002706	
NAME: NINGBO XXX IMPORT&EXPORT CO.,LTD	
ADDRESS:ROOM 1901-1902 YINZHOU BUSINESS BUILDING NO.1299 EAST YINXIAN ROAD.YINZHOU AREA,NINGBO.CHINA	
TEL.86-0574-28856613	
BENEFICIARY BANK:	
AGRICULTURAL BANK OF CHINA,LTD NINGBO	
SWIFT BIC:ABOCCNBJ390	
ADD:NO 188 HUI FENG EAST ROAD YIN ZHOU NINGBO CHINA	
TEL.86-0574-87973100	

二、进仓单

华创国际货运代理（上海）有限公司宁波分公司

C.Y. CONTAINER LINE (SHANGHAI) CO.,LTD.NINGBO BRANCH

地址：宁波市海曙区东渡路55号华联写字楼2119-2120
电话：0574-83879579/87236328/83879576　传真：0574-83879577

进仓通知单

海关最新规定：自2017年8月底起，拼箱货物凡涉及一票货物分多票报关的，进仓时需按实际报关票数分票进仓，否则由此产生的仓库分唛费将由客户自行承担，请各客户严格参照执行！

进仓编号：PMZNBG2001E024（进仓时称重）　　　　　　1月10日提供报关资料

致尊敬的拼箱客户：针对2016年7月1号开始实施的VGM新规之要求，日后所有出口货柜均需提供准确的VGM数据方可装船。为确保您的货物顺利出运，请各客户\货主务必确保货物的实际重量与报关单据内容相符，若因重量不符而产生的一切费用和责任均由提供错误数据的客户承担。目前各仓库均可在收货时提供即时过磅服务（需收取过磅费），货物入库后要求再称重，仓库将在过磅费的基础上再行加收移货费。如有其他特殊要求的客户请于进仓前提前通知我了解并于进仓时及时与仓库说明。请各客户周知并予以配合，谢谢！

进仓日期：2020-1-12	截关日期：	2020-1-13	开航日期：2020-1-16
件数：　60CTNS	毛重：	1269KGS	体积　　2.07CBM
唛头：			

订舱、进仓、报关须知：　　　（报关行信息：浙江中外运有限公司宁波明州分公司 3302980008）

1、进仓货物的实际包装、件数须与托单、报关资料相符，若不符须提前以文件形式告知，由此产生的货物短缺或漏装、报关延误等责任及费用将由贵司承担。
2、最迟截关前一天12:00前主动提供正确报关文件给我司；我司将按此资料发送预配舱单，提单将和预配舱单显示方式一致；若我司已发舱单，为免影响其他拼箱货物正常出运，不可退仓退关。
3、最迟截关前一天22:00前货物须进仓卸货。
4、若取消订舱/数据变动大于1CBM，需截关前一天10:00前通知我司（节假日除外），逾期将收取亏舱费：USD30/RT。
5、2014年6月30日开始，海关实行新舱单，报关经营单位务必确认未超期，否则将影响其他货物报关放行。
6、2016年宁波海关报关规范化要求：报关资料的发票、装箱单、合同必须盖单证章或公章（可接受盖好正本章的复印/扫描件），不可PS或截图套章作假，否则一旦被海关发现则直接布控并转缉私局处理。
7、报关中文品名5个以内费用不变，每超过5个 每页新增报关单加收30元。
8、报关文件/保函如需寄送正本给予我司，地址联系方式如下：
公司：华创国际货运代理（上海）有限公司宁波分公司
地址：宁波市海曙区东渡路55号华联写字楼21层2119-2110，联系人：laney 电话：0574-83879579 传真：0574-83879577

仓库名称：宁波XXX物流有限公司　　　　地址：宁波北仑进港北路8号　　　收货时间：7:00-22:00
仓库联系人：叶'S　　仓库电话：0574-86823844　　仓库传真：0574-86877715
货物进仓信息查询网址：http://www.bluedragon.com.cn/newwmsquery/Simple/JcdSimpleQuery#userconsent#

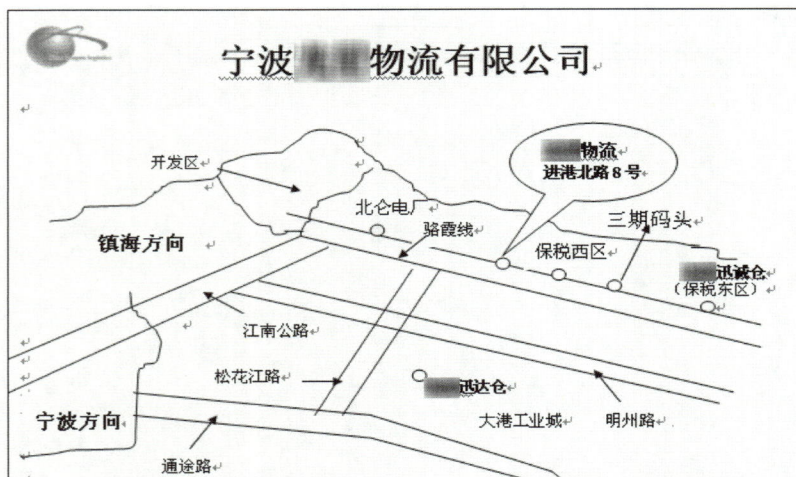

体积、造成货物退仓、拆箱
半危险品的货物的订舱，不
采确认，在提供相关保函
的情况下，由我司决定是否安排出运。如贵司不能如实申报，由此造成的货损、费用等一切连带后果由贵司承担。

注：我司操作人员联系方式如下：
操作：Laney，电话：0574-83879579，EMAIL&SKYPE:laneylan.nb@cy-group.com
单证：NICKY，电话：0574-87236310，EMAIL&SKYPE:Nickycao.nb@cy-group.com

三、出口商报关资料

NINGBO IMPORT & EXPORT CO.,LTD
INVOICE

"Budpostach" PE

发票号
Invoice no. 20IE0001
日期
Date. Apr.10, 2020

装船口岸
FROM NINGBO
贸易方式
Term Payment L/C

目的地
TO Chornomorsk
开户银行
Iuessed by

唛头 Marks&Nos	货名数量 Quantities and Descriptions	单价 Unit Price	总值 Amount
			FOB NINGBO
	HAND TOOLS		
	16,176.00PCS	USD1.4181	USD22,939.68
	HAND TOOLS		
	24,000.00CASES	USD0.41	USD9,840.00
	TOTAL:		USD32,779.68

宁波 进出口有限公司
NINGBO IMPORT & EXPORT CO.,LTD

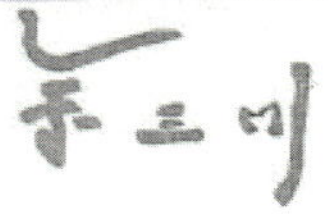

NINGBO ▨▨▨ IMPORT & EXPORT CO., LTD
PACKING LIST

Exporter(Name,Address.): NINGBO ▨▨▨ IMPORT & EXPORT CO.,LTD 22 ND FLOOR, NORTH BUILDING, NO.1299 YINXIAN EAST ROAD, NINGBO, CHINA		No. of Invoice: 20IE0001	Date: Apr.10, 2020
		P/I NO.:	
To: "Budpostach" PE MAGNITOGORSKA STREET 1, of. 208 KYIV,UKRAINE, 02094, TEL: FAX:		From: NINGBO To: Chornomorsk	

Marks	Description of Goods	Quantity	Package	Net-Weight	Gross-Weight	Measurement
				KGS	KGS	CBM
	HAND TOOLS	16,176.00 PCS	144CTNS	2,697.00	2,985.00	6.320
	HAND TOOLS	24,000.00 CASES	150CTNS	1,500.00	1,800.00	2.980
	TOTAL:		294CTNS	4,197.00	4,785.00	9.300

宁波 ▨▨ 进出口有限公司
NINGBO ▨▨▨ IMPORT & EXPORT CO.,LTD

售 货 确 认 书
SALES CONTRACT

No.: 19HPI0809
Date: Apr, 10. 2020

The Sellers:
ASSIST INTERNATIONAL LIMITED

NINGBO ████████ IMPORT & EXPORT CO.,LTD

The Buyer:
"Budpostach" PE

下列签字双方同意按以下条款达成交易：
The undersigned Sellers and Buyer have agreed to close the following transactions according to the terms and conditions stipulated below:

品 名 及 规 格 COMMODITY AND SPECIFICATION	数 量 QUANTITY	单价及价格条款 UNIT PRICE & TERMS	金 额 AMOUNT
		FOB NINGBO	
HAND TOOLS			
HAND TOOLS	16,176.00PCS	USD1.4181	USD22,939.68
	24,000.00CASES	USD0.41	USD9,840.00
	TOTAL:		USD32,779.68

SHIPMENT: TRASHIPMENT ALLOWED
TERMS OF PAYMENT: BY L/C

DESTINATION
INSURANCE: BY BUYER

一般条款
GENERAL 1.人力不可抗拒的事故造成延期或无法交货者，卖方不负任何责任。
TERMS: Sellers are not responsible for late or non-delivery in the event of force majeure or any contingencrs beyond Sellers control.
2.凡有对装达的货物质量提出索赔者，必须在货到目的地的港后30天内提出。
Claims, if any. concerning the goods shipped should be filed within 30 days after arrival at destination.
3.最晚装船期   年 月 日，否则将付给买方货款的30%的罚款。
The last loading date is   ,otherwise the sellers need to a 30% of buyer good value fine.

宁波 ██ 进出口有限公司
NINGBO ████████ IMPORT & EXPORT CO.,LTD

_____   _____
买   方（The Buyers)   卖   方（The Sellers)

中华人民共和国海关出口货物报关单

预录入编号： 海关编号： 页码/页数：

境内发货人	出境关别	出口日期	申报日期	备案号
宁波▢进出口有限公司（91330212758851212B）	NINGBO			
境外收货人	运输方式	运输工具名称及航次号	提运单号	
"Budpostach" PE	船			
生产销售单位	监管方式	征免性质	许可证号	
宁波▢进出口有限公司（91330212758851212B）	一般贸易	全征		
合同协议号	贸易国（地区）	运抵国（地区）	指运港	
201E0001	UKRAINE	UKRAINE	Chornomorsk	
包装种类	件数	毛重（千克）	净重（千克）	成交方式	运费	保费	杂费
CTNS	294	4,785.00	4,197.00	FOB			

随附单证：

随附单证 1：

随附单证 2：

标记唛码及备注

项号	商品编号	商品名称及规格型号	数量及单位	单价/总价/币制	原产国（地区）	最终目的国（地区）	境内货源地	征免
1	82119300	HAND TOOLS 美工刀	16,176.00PCS	USD1.4181 / USD22,939.68	CHINA	UKRAINE	宁波	
2	90178000	HAND TOOLS 刀片	24,000.00CASES	USD0.41 / USD9,840.00	CHINA	UKRAINE	宁波	
3								
4								
5								

申报人员	申报人员证号	电话		责任	海关批注及签章
申报单位					

Tel.: +86 574 28856611
Fax: +86 574 28856616 28856618
http://www.sb-tools.net
Add: 22nd Floor, North Building, No.1299
Yinxian East Road, Ningbo, China

申报要素

刀片：

1.品名：刀片 2.品牌：HAISSER 3.材质：钢材 4.状态：有刃口 5.种类：折叠刀

6.式样：可换刃面 7.包装：成套 8.状态：刀具 9.境外品牌（贴牌） 10.不确

定享惠

美工刀：

1.品名：美工刀 2.品牌：HAISSER 3.材质：ABS 塑料+SK4 钢材 4.状态：有刃

口 5.种类：折叠刀 6.式样：可换刃面 7.包装：不成套 8.状态：刀具 9.境外品

牌）贴牌 10.不确定享惠

宁波 ███ 进出口有限公司
NINGBO ███████ IMPORT & EXPORT CO., LTD

四、报关单

中华人民共和国海关出口货物报关单

2231202000000264158

页码/页数：1/1

预录入编号：EDI208000078421133	海关编号：223120200000264158 （洋山市内）			
境内发货人 （91330212758851212B） 宁波____进出口有限公司	出境关别 （2248） 洋山港区	出口日期	申报日期 2020-01-18	备案号
境外收货人 IMPLEMENTOS AGRICOLAS CENTROAMERICANOS, S. A. DE C. V.	运输方式 （2） 水路运输	运输工具名称及航次号 COYHAIQUE/2003E	提运单号 ONEYSH9AMB402400	
生产销售单位 （91330212758851212B） 宁波____进出口有限公司	监管方式 （0110） 一般贸易	征免性质 （101） 一般征税	许可证号	
合同协议号 201E0003	贸易国（地区） （SLV） 萨尔瓦多	运抵国（地区） （SLV） 萨尔瓦多	指运港 （SLV003） 阿卡胡特拉（萨尔瓦多）	离境口岸 （311002） 洋山港
包装种类 （22） 纸制或纤维板制盒/箱	件数 63	毛重（千克） 819	净重（千克） 693	成交方式(3) FOB	运费 //	保费 //	杂费 //
随附单证及编号				
标记唛码及备注 备注：集装箱标箱数及号码:MORU1313516				

项号	商品编号	商品名称及规格型号	数量级单位	单价/总价/币制	原产国（地区）	最终目的国（地区）	境内货源地	征免
1	8211940000	刀片 3丨2丨钢材丨折叠刀丨可换刃面丨成套丨IMACASA丨00000000丨	693千克 9072箱	0.4676 4241.68 美元	中国 (CHN)	萨尔瓦多 (SLV)	(33029)宁波其他	照章征税 (1)

特殊关系确认：否	价格影响确认：否	支付特许权使用费确认：否	自报自缴：否
报关人员　报关人员证 号 22104262　电话	兹声明对以上内容承担如实申报、依法纳税之法律责任	海关批注及签章	
申报单位 （913101093015107927） 上海____报关服务有限公司	申报单位（签章）		

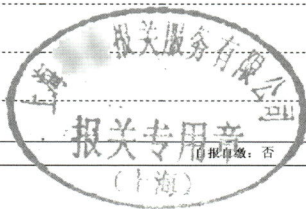

免责声明：本单据内容由"申报单位"授权提供，仅供阅览，不承担任何法律责任。格式依据：中国国际贸易单一窗口。　　　✂ 是中华人民共和国海关徽标。

五、放行单

通关无纸化出口放行通知书

浙江 ▇▇▇ 有限公司宁波明州分公司

你公司以通关无纸化方式向海关发送下列电子报关单数据业经海关审核放行，请携带本通知书及 相关单证至港区办理装货/提货手续。

海曙海关海关审单中心
2020年 1月 13日

3101202005198821829

预录入编号：3101202005198821829　　海关编号：3101202005198821829

出口关别 ((3104)) 北仑海关	备案号	出口日期	申报日期 20200113
收发货人 宁波▇▇尺业有限公司	运输方式 (2) 水路运输	运输工具名称 PADIAN 2/2002W	提运单号 ANBHKHJ0022210C
生产销售单位 (91330281610273057T) 宁波▇▇尺业有限公司	监管方式 (0110) 一般贸易	征免性质 (101) 一般征税	结汇方式
许可证号	运抵国(地区)(HKG) 中国香港	指运港 (HKG000) 中国香港	境内货源地 (33129) 余姚
批准文号	成交方式 (3) FOB	运费	保费　　杂费
合同协议号 HD-ZYZ-19242	件数 60	包装种类 纸制或纤维板制盒/	毛重(千克) 1235　净重(千克) 1115
集装箱号 DFSU2813873*1(1)	随附单证 随附单证2：发票；代理报关委托协议（电子）；		生产厂家

序号	商品名称、规格型号	数量及单位	原产国（地区）	单价	币值
1	卷尺 3 0 家用等 测量 SELLERY 79	4320个 1115千克 4320个	中国香港(HKG) 原产国:中国	1.6020 6920.6400	USD (美元)

兹申明，以上通知由我公司根据海关电子回执打印，保证准确无误。

（签印）
2020年01月14日

报关专用章 宁波(1)

六、交单申请书

ABC(2016)3021-1

3-1

中国农业银行
AGRICULTURAL BANK OF CHINA

跟 单 托 收 申 请 书
APPLICATION FOR DOCUMENTARY COLLECTION

Date 日期 <u>2019 年 9 月</u>

To: Agricultural Bank of China   Branch
致：中国农业银行   行
We enclose the following draft(s) / documents as specified hereunder which please collect in accordance with the instructions indicated herein.
兹附上汇票和单据如下，谨请贵行依照本申请书的要求为我公司办理托收。
This collection is subject to URC 522.
此托收遵循国际商会第 522 号出版物《托收统一规则》。

Collecting Bank (Full name & address)
代收行（全称和地址）
THE UNITED BANK,CAIRO,EGYPTSWIFT CODE:UBOEEGCXXXX
WWW.THEUBEG.COMM

EL-GOMHOURIA BRANCH
ADRESS:
17 SAAD ZAGHLOUL ST.TOREL
MANSOURA DAKAHLIA

Drawer (Full name & address)
收款人(全称和地址)
<u>NINGBO   THREAD INDUSTRY   CO.,.LTD</u>
<u>NO. 62, CHANGFENG INDUSTRY ZONE, NINGBO, CHINA</u>

Drawee (Full name & address)
付款人(全称和地址)
<u>XXX CO</u>
<u>EGYPT-ELMANSOURA 47 SOQEL TO GAR PO. BOX 82</u>

Tenor（期限）
<u>D/P AT SIGHT</u>

Draft / Inv. No.
汇票/发票号码
<u>19ETIN0084</u>

Currency and Amount
币种及金额
<u>USD 24, 145. 40</u>

DOCUMENTS 单据

DR AFT	COM. INV.	PACKING LIST	B/L	N/N B/L	AWB.	ORIGIN CERT.	INS. POL.	INSP. CERT.	CERT.	CABLE COPY			
	3	3	3			1	1		2				

Special Instructions (See box marked "X") 特殊条款（用 "X" 在方框中标明）：
☐ Please deliver documents against ☐ payment at sight ☐ payment _____ after sight /☐ acceptance.
    请办理 ☐ 即期付款交单/ ☐ 远期付款交单 /☐ 承兑交单。
☐ All your charges are to be borne by ☐ the drawee /☐ us.
    你行所有费用由☐付款人/☐我司承担。
☐ In case of a time bill, please advise us of acceptance giving maturity date.
    如果托收包含远期汇票，请通知我公司承兑到期日。
☐ In case of dishonour, please do not protest but advise us of non-payment /non-acceptance giving reasons.
    如果发生拒付，无需拒绝证书但应通知我公司拒绝付款或拒绝承兑的原因。
☐ Please instruct the Collecting Bank to deliver documents only upon receipt of all their banking charges.
    请指示代收行收妥全部银行费用后再提示单据。
☐ We will take on all the results caused by choosing the above bank as the collecting bank.
    请选择我司选定的代收行，由此引起的问题和其他后果由我司负责。

Disposal of proceeds upon collection （款项收妥后，请按照以下要求办理）

联系人： <u>黄艳艳</u>   电话： <u>28856630</u>

申请人（盖章）

第一联 银行留存

　　我司知悉并同意：本合同项下你行向我司收取的符合国家税务征收相关法律法规规定的应税事项的款项中均已包含增值税。增值税税率依据国家法律法规的规定确定。在合同履行期间，**如遇国家税务管理法律法规进行调整，你行将相应调整相关的税率等相关内容。**

　　你行将根据国家法律法规的规定向我司开具增值税专用发票或增值税普通发票。我司要求开具增值税专用发票的，应保证自身具有经主管税务机关认可的"增值税一般纳税人"资质和国家法律法规规定的其他条件。我司需向农行提供企业名称、联系人、地址、电话、开户行、账户名称、账号等开具增值税专用发票所需的信息，你行有权要求我司提供上述条件的证明，我司不予提供的，你行可以拒绝我司索取本合同项下增值税专用发票的要求。你行收到我司应税款项后 360 日内，我司有权要求开具发票，发票由你行或你行指定的增值税发票开票机构开具，**我司逾期未索取增值税发票的，你行可不再提供增值税发票。因我司的原因导致你行向我司开具增值税专用发票或增值税普通发票错误的，由我司自行承担责任，且你行有权要求我司承担因此给你行造成的损失或其他不利后果。对于需要进行作废处理或开具红字发票的情况，我司有义务配合你行完成相关发票的处理事宜。因你行的原因向我司开具增值税专用发票或增值税普通发票错误的，我司有权要求你行重新提供，由此给我司造成的损失，由你行承担，对于需要进行作废处理或开具红字发票的情况，我司有义务配合你行完成相关发票的处理事宜。**

ABC(2016)3021-1

3-2

中国农业银行
AGRICULTURAL BANK OF CHINA

跟 单 托 收 申 请 书
APPLICATION FOR DOCUMENTARY COLLECTION

Date 日期＿＿＿＿＿

To: Agricultural Bank of China　　　　　　Branch 致：中国农业银行　　　　　　　行 We enclose the following draft(s) / documents as specified hereunder which please collect in accordance with the instructions indicated herein. 兹附上汇票和单据如下，谨请贵行依照本申请书的要求为我公司办理托收。 This collection is subject to URC 522. 此托收遵循国际商会第 522 号出版物《托收统一规则》。	Collecting Bank (Full name & address) 代收行（全称和地址）		
Drawer (Full name & address) 收款人（全称和地址）	Tenor（期限）		
	Draft / Inv. No. 汇票/发票号码	Currency and Amount 币种及金额	
Drawee (Full name & address) 付款人（全称和地址）			

DOCUMENTS 单据

DR AFT	COM. INV.	PACKING LIST	B/L	N/N B/L	AWB.	ORIGIN CERT.	INS. POL.	INSP. CERT.	CERT.	CABLE COPY			

Special Instructions (See box marked "X") 特殊条款（用 "X" 在方框中标明）：

☐ Please deliver documents against ☐ payment at sight /☐ payment ＿＿＿＿＿after sight /☐ acceptance.
　　请办理 ☐ 即期付款交单/ ☐ 远期付款交单 /☐ 承兑交单。
☐ All your charges are to be borne by ☐ the drawee /☐ us.
　　你行所有费用由☐付款人/ ☐我司承担。
☐ 　In case of a time bill, please advise us of acceptance giving maturity date.
　　如果托收包含远期汇票，请通知我公司承兑到期日。
☐ In case of dishonour, please do not protest but advise us of non-payment /non-acceptance giving reasons.
　　如果发生拒付，无需拒绝证书但应通知我公司拒绝付款或拒绝承兑的原因。
☐ Please instruct the Collecting Bank to deliver documents only upon receipt of all their banking charges.
　　请指示代收行收妥全部银行费用后再提示单据。
☐ We will take on all the results caused by choosing the above bank as the collecting bank.
　　请选择我司选定的代收行，由此引起的问题和其他后果由我司负责。

Disposal of proceeds upon collection （款项收妥后，请按照以下要求办理）

联系人：　　　　　　　　电话：

申 请 人 （ 盖 章 ）

第二联　银行留存

我司知悉并同意：本合同项下你行向我司收取的符合国家税务征收相关法律法规规定的应税事项的款项中均已包含增值税。增值税税率依据国家法律法规的规定确定。在合同履行期间，**如遇国家税务管理法律法规进行调整，你行将相应调整相关的税率等相关内容。**

你行将根据国家法律法规的规定向我司开具增值税专用发票或增值税普通发票。我司要求开具增值税专用发票的，应保证自身具有经主管税务机关认可的"增值税一般纳税人"资质和国家法律法规规定的其他条件。我司需向农行提供企业名称、联系人、地址、电话、开户行、账户名称、账号等开具增值税专用发票所需的信息，你行有权要求我司提供上述条件的证明，我司不予提供的，你行可以拒绝我司索取本合同项下增值税专用发票的要求。你行收到我司应税款项后，我司有权要求开具发票，发票由你行或你行指定的增值税发票开票机构开具，**我司逾期未索取增值税发票的，你行可不再提供增值税发票。**因我司的原因导致你行向我司开具增值税专用发票或增值税普通发票错误的，由我司自行承担责任，且你行有权要求我司承担由此给你行造成的损失或其他不利后果。对于需要进行作废处理或开具红字发票的情况，我司有义务配合你行完成相关发票的处理事宜。因你行的原因向我司开具增值税专用发票或增值税普通发票错误的，我司有权要求你行重新提供，由此给我司造成的损失，由你行承担，对于需要进行作废处理或开具红字发票的情况，我司有义务配合你行完成相关发票的处理事宜。

ABC(2016)3021-1   3-3

中国农业银行
AGRICULTURAL BANK OF CHINA

跟 单 托 收 申 请 书
APPLICATION FOR DOCUMENTARY COLLECTION

Date 日期＿＿＿

To: Agricultural Bank of China Branch 致：中国农业银行 行 We enclose the following draft(s) / documents as specified hereunder which please collect in accordance with the instructions indicated herein. 兹附上汇票和单据如下，谨请贵行依照本申请书的要求为我公司办理托收。 This collection is subject to URC 522. 此托收遵循国际商会第 522 号出版物《托收统一规则》。	Collecting Bank (Full name & address) 代收行（全称和地址）
Drawer (Full name & address) 收款人(全称和地址)	Tenor（期限）
Drawee (Full name & address) 付款人(全称和地址)	Draft / Inv. No. 汇票/发票号码 Currency and Amount 币种及金额

第三联 申请人留存

DOCUMENTS 单据

DR AFT	COM. INV.	PACKING LIST	B/L	N/N B/L	AWB.	ORIGIN CERT.	INS. POL.	INSP. CERT.	CERT.	CABLE COPY			

Special Instructions (See box marked "X") 特殊条款（用"X"在方框中标明）:
☐ Please deliver documents against ☐ payment at sight /☐ payment ＿＿＿＿after sight /☐ acceptance.
   请办理 ☐ 即期付款交单/ ☐ 远期付款交单 /☐ 承兑交单。
☐ All your charges are to be borne by ☐ the drawee /☐ us.
   你行所有费用由☐付款人/ ☐我司承担。
☐   In case of a time bill, please advise us of acceptance giving maturity date.
   如果托收包含远期汇票，请通知我公司承兑到期日。
☐ In case of dishonour, please do not protest but advise us of non-payment /non-acceptance giving reasons.
   如果发生拒付，无需拒绝证书但应通知我公司拒绝付款或拒绝承兑的原因。
☐ Please instruct the Collecting Bank to deliver documents only upon receipt of all their banking charges.
   请指示代收行收妥全部银行费用后再提示单据。
☐ We will take on all the results caused by choosing the above bank as the collecting bank.
   请选择我司选定的代收行，由此引起的问题和其他后果由我司负责。

Disposal of proceeds upon collection   （款项收妥后，请按照以下要求办理）

联系人：＿＿＿＿＿＿＿   电话：＿＿＿＿＿＿＿

我司知悉并同意：本合同项下你行向我司收取的符合国家税务征收相关法律法规规定的应税事项的款项中均已包含增值税。增值税税率依据国家法律法规的规定确定。在合同履行期间，**如遇国家税务管理法律法规进行调整，你行将相应调整相关的税率等相关内容。**

你行将根据国家法律法规的规定向我司开具增值税专用发票或增值税普通发票。我司要求开具增值税专用发票的，应保证自身具有经主管税务机关认可的"增值税一般纳税人"资质和国家法律法规规定的其他条件。我司需向农行提供企业名称、联系人、地址、电话、开户行、账户名称、账号等开具增值税专用发票所需的信息，你行有权要求我司提供上述条件的证明，我司不予提供的，你行可以拒绝我司索取本合同项下增值税专用发票的要求。你行收到我司应税款项后 <u>360 日</u>内，我司有权要求开具发票，发票由你行或你行指定的增值税发票开票机构开具，**我司逾期未索取增值税发票的，你行可不再提供增值税发票。因我司的原因导致你行向我司开具增值税专用发票或增值税普通发票错误的，由我司自行承担责任，且你行有权要求我司承担因此给你行造成的损失或其他不利后果。** 对于需要进行作废处理或开具红字发票的情况，我司有义务配合你行完成相关发票的处理事宜。因你行的原因我司开具增值税专用发票或增值税普通发票错误的，我司有权要求你行重新提供，由此给我司造成的损失，由你行承担，对于需要进行作废处理或开具红字发票的情况，我司有义务配合你行完成相关发票的处理事宜。

七、电放提单

Shipper ASSIST INTERNATIONAL LIMITED 22ND FLOOR, NORTH BUILDING, NO. 1299 YINXIAN EAST ROAD, NINGBO, CHINA TEL:86 574 28856611 FAX:86 574 28856683/18	BILL OF LADING No. SHHJ20060336B

Consignee KIBBUTZ GEZER INDUSTRIAL ZONE P.O. BOX 190, ISRAEL TEL:972-8-9295720 FAX:972-8-9292047	OC-LINES(CHINA)LOGISTICS LTD. OC-LINES ROOM 2502-2504,NO.1688 NORTH CHINA SICHUAN ROAD,HONGKOU DISTRICT, SHANGHAI,CHINA

Notify Party SAME AS CONSIGNEE	For delivery of goods please apply to: OC LINES 27 HAMETSUDA ST. AZOR. ISRAEL P.O.B AZOR 58190 TEL:+972-3-6228777 FAX:+972-3-5480279 VAT:514244599

Pre-carriage by	Place of Receipt	
Vessel/Voy MSC TARANTO/026W	Port of loading NINGBO, CHINA	
Port of Discharges ASHDOD	Final Destination ASHDOD	Freight patable at No of Original BL's THREE

Marks & Numbers	No and Kind	Description of Goods	Gross Weight	Volume
ZEGMAN	56 CARTON(S)	SHIPPER'S LOAD, COUNT & SEAL CONTAINER S.T.C. PART OF 1 X 40' HQ STEEL MEASURING TAPE HS:9017800000 TELEX RELEASE COPY	1238 KGS PART OF 1 X 40'HQ FREIGHT COLLECT CY/CY	1.874 CBM

TOTAL NUMBER OF CONTAINERS OR PACKAGES (IN WORDS)	SAY FIFTY SIX (56) CARTON(S) ONLY.

CONTAINER NO. /SEAL NO. PART OF MRKU3486409/CN3584639/40' HQ/56CARTON(S)/1238KGS/1.874C BM	Taken in charge in apparent good order and condition, unless otherwise, noted herein, at the place of the receipt for transport and delivery as mentioned above. One of these Combined Transport Bills of loding must be surrendered duly endorsed in exchange for the goods. In witness where of the orginal Combined Transport Bill of Lading all of this tenor and date have been signed in the number stated above, one of which being accomplished the other(s) to be void.
	Place and date of issue 2020-06-25 On Board Date 2020-06-25
	Stamp and signature OC-LINES OC-LINES(CHINA)LOGISTICS LTD. ROOM 2502-2504,NO.1688 NORTH SICHUAN ROAD,HONGKOU DISTRICT, SHANGHAI,CHINA

POLESTAR LINE CO.,LTD

Bill of Lading for Combined Transport or Port to port Shipment

SHIPPER		BILL OF LADING NO.		DOCUMENT NO.
NINGBO ▮▮▮▮▮ IMPORT & EXPORT CO.,LTD.// 22ND. FLOOR, NORTH BUILDING, NO.1299 YINXIAN EAST ROAD, NINGBO,CHINA PH.86-574-288-5611		PSLSHAACA01490		
		EXPORT REFERENCES		

CONSIGNEE	FORWARDING AGENT - REFERENCES
TO THE ORDER OF ▮▮▮▮ DE AMERICA CENTRAL, S.A.	
	POINT AND COUNTRY OF ORIGIN

NOTIFY PARTY	TO OBTAIN DELIVERY CONTACT:
▮▮▮▮▮▮▮▮▮▮, S.A. DE C.V. 1A CALLE PONIENTE Y 47 AV. NORTE, CONDOMINIO VILLAS DE NORMANDIA APTO 9-C, COL. FLOR BLANCA, SAN SALVADOR, EL SALVADOR (503) 2260-4075 DOUGLAS AGUILAR/ANGIE NAVAS OPERACIONES.TICAMEX@GMAIL.COM	PCS CENTRAL AMERICA S.A. DE C.V. EDIFICIO LA CENTROAMERICANA, TERCER NIVEL ALAMEDA ROOSEVELT NO.3107 SAN SALVADOR, EL SALVADOR NIT+0614-270812-104-6 ATTN: ESTEFANY GUZMAN TEL/FAX.(503) 2218-8500

PRE-CARRIAGE BY	PLACE OF RECEIPT	
OCEAN VESSEL/VOY NO. COYHAIQUE 2003E	PORT OF LOADING SHANGHAI	ONWARD INLAND ROUTING
PORT OF DISCHARGE ACAJUTLA(SV)	PLACE OF DELIVERY SAN SALVADOR(SV)	FINAL DESTINATION (FOR THE MERCHANTS REFERENCE ONLY)

CONTAINER NO. / SEAL NO. MARKS AND NUMBERS	NO.OF PKGS OR CONTAINERS	KIND OF PACKAGES; DESCRIPTION OF GOODS	GROSS WEIGHT (KGS)	MEASUREMENT (CBM)
IMACASA DESCRIPCION/DESCRIPTION REFERENCE/CODIGO QUANTITY/CANTIDAD DATE/FECHA	63CARTONS	BLADES	819KGS	0.882CBM
MORU1313516/CNC071389		CFS-CFS		

COPY NON-NEGOTIABLE

POD RELEASE

Particulars furnished by the Merchant

SAY SIXTY THREE CARTONS ONLY

TOTAL NO. OF PACKAGES OR CONTAINERS (IN WORDS)²

FREIGHT AND CHARGES	RATED AS	RATE	PER	PREPAID	COLLECT	LADEN ON BOARD THE VESSEL 2020/01/24
		FREIGHT COLLECT				DATE: ....
						PLACE OF B(s)/L ISSUE

DOMESTIC ROUTING/EXPORT INSTRUCTIONS			T O T A L		NO. OF ORIGINAL B(s)/L SIGNED THREE
					DATE OF B(s)/L ISSUED

Received the sold in measurement good order and condition and, as far as certained by reasonable means of checking, as specified above unless otherwise stated. Terms of bill of lading continued on reverse side thereof.
In witness whereof, three(3) original Bills of Lading have been signed all of this tenor and date one of which being accomplished the others to stand void.
The surrender of the original order bill of lading properly endorsed shall be required before the delivery of the property. Inspection of property covered by this bill of lading will not be permitted unless provided by law or unless permission is endorsed on this original bill of lading or given in writing by the shipper.
Attention of shipper The terms and conditions of the order bill of lading under which this shipment is accepted are printed on the back hereof, Note, unless otherwise specified the charges listed above do not include customs duties, taxes, customs clearance charges and similar non transportation charges which are for the account of the cargo.

POLESTAR LINE CO.,LTD

八、海运单

Expeditors International Ocean
Sea Waybill

SEA WAYBILL

SHIPPER (Name and Full Address) ASSIST INTERNATIONAL LIMITED 22 ND FLOOR, NORTH BUILDING, NO.1299 YINXIAN EAST ROAD, NINGBO, CHINA TEL:86 574 28856611 FAX:86 574 28856616/18	SHIPPER'S I.D. BOX	BOOKING NUMBER YMLUW232384376	SEA WAYBILL NUMBER 62R0326858

RECEIVER (Name and Full Address/Non-Negotiable) FASTCAP LLC 3725 IRONGATE RD.,#105,BELINGHAM, WA98226,UNITED STATES TEL:001-360-752-2138

EXPORT REFERENCES
SHPR REF: 231-42171421033,
USAMS_RECEIVED.

FORWARDING AGENT REFERENCES FMC#2268,CHB#6926
BEIJING KANG-JIE-KONG INTERNATIONAL
CARGO AGENT CO., LTD. NINGBO BRANCH
NINGBO, ZHEJIANG 315000

POINT AND COUNTRY OF ORIGIN OF GOODS
CHINA, PEOPLES REP.

NOTIFY PARTY /INTERMEDIATE RECEIVER (Name and Full Address)
FASTCAP LLC
3725 IRONGATE RD.,#105,BELINGHAM,
WA98226,UNITED STATES
TEL:001-360-752-2138

ALSO NOTIFY(Name and Full Address) / DOMESTIC ROUTING/ EXPORT INSTRUCTIONS/ PIER TERMINAL/ONWARD ROUTING FROM POINT OF DESTINATION. FOR RELEASE OF CARGO PLEASE CONTACT:

INITIAL CARRIAGE	PLACE OF RECEIPT NINGBO
EXPORT CARRIER (Vessel, voyage) NYK ARGUS V105E	PORT OF LOADING NINGBO
PORT OF DISCHARGE TACOMA, WA	PLACE OF DELIVERY TACOMA, WA

PARTICULARS FURNISHED BY SHIPPER

MARKS AND NUMBERS/ CONTAINER NUMBERS	NOS. OF PACKAGES	DESCRIPTION OF PACKAGES AND GOODS	GROSS WEIGHT KGS	MEASUREMENT CBM
FAST CAP SEATTLE C/NO.:	864CTNS	FOAM PARTS, NOS UTILITY KNIFE BLADES STEEL MEASURING TAPE	8128.50 KG	38.305 M3
		****FREIGHT COLLECT**** SHIPPER LOAD & COUNT		
YMMU6207878 CY/CY Size :40H		864 CTNS Seal:YMAG731618	8128.50 KG	38.305 M3
TOTALS:		1 Container(s) LADEN ON BOARD 05/28/20 Page 1 of 1		

COPY NOT NEGOTIABLE

SHIPPER'S DECLARED VALUE: $ _____
IF MERCHANT ENTERS A VALUE, CARRIER'S LIMITATION OF LIABILITY SHALL NOT APPLY AND THE AD VALOREM RATE WILL BE CHARGED.

FREIGHT RATES CHARGES WEIGHT AND/OR MEASUREMENTS (SUBJECT TO CORRECTION)	PREPAID	COLLECT
DECLARED VALUE CHARGES		
TOTAL		

The Goods or the container(s) or package(s) said to contain the cargo herein mentioned to be carried subject to the standard terms of carriage of the Carrier (as set out on the reverse hereof) by the vessel named herein or any substitute at the Carrier's option and/or other means of transport from the place of receipt or the port of loading to the port of discharge or the place of delivery named herein and there delivered to the Receiver named herein. The Merchant (as defined in Clause 1 on the back hereof) agrees to be bound by all conditions, stipulations, exceptions and limits in the contract of carriage, whether written, typed, stamped, or printed, as fully as if signed by the Merchant, any local custom or privilege to the contrary notwithstanding, and understands that Carrier's liability is limited accordingly.

THIS SEA WAYBILL IS NOT A DOCUMENT OF TITLE TO THE GOODS.

DATED AT PORT OF LOADING SHOWN ABOVE
For **EXPEDITORS INTERNATIONAL OCEAN**

05/28/20

BY .... DATE ....
as the Carrier

九、一般原产地证书

ORIGINAL

1. Exporter NINGBO _____ IMPORT & EXPORT CO.,LTD 22 ND FLOOR,NORTH BUILDING,NO.1299 YINXIAN EAST ROAD,NINGBO,CHINA VIA ASSIST INTERNATIONAL LIMITED SUITE 13,FIRST FLOOR,OLIAJI TRADE CENTRE, FRANCIS RACHEL STREET,VICTORIA,MAHE, REPUBLIC OF SEYCHELLES	Serial No. CCPIT382 2001537557 Certificate No 20C3302A7280/00011
2. Consignee _____ OÜ MAEALUSE 10C, 12618 TALLINN, ESTONIA RG.NR. 11466345 TEL. +3726096436 MAIL. ANNA@TOOLMARKETING.EU; PURCHASE@TOOLMARKETING.EU; INFO@TOOLMARKETING.EE	CERTIFICATE OF ORIGIN OF THE PEOPLE'S REPUBLIC OF CHINA
3. Means of transport and route FROM NINGBO CHINA TO TALLINN ESTONIA BY SEA	5. For certifying authority use only
4. Country / region of destination ESTONIA	VERIFY URL:HTTP://CHECK.CCPITECO.NET/

6. Marks and numbers	7. Number and kind of packages; description of goods	8. H.S.Code	9. Quantity G. WEIGHT	10. Number and date of invoices
TOOLMARKETING LTD TALLINN,ESTONIA ITEM NO. QTY: GW: NW:	TWO HUNDRED AND NINE (209) CTNS OF STEEL MEASURING TAPE ***	90178000	3783.00KGS	20IE0074 MAY 21,2020

11. Declaration by the exporter
   The undersigned hereby declares that the above details and statements are correct, that all the goods were produced in China and that they comply with the Rules of Origin of the People's Republic of China.
	12. Certification
	   It is hereby certified that the declaration by the exporter is correct.

宁波 ___ 进出口有限公司 NINGBO _____ IMPORT & EXPORT CO.,LTD. NINGBO,CHINA MAY.21,2020 Place and date, signature and stamp of authorized signatory	中国国际贸易促进委员会 单据证明专用章 (甬2) CHINA COUNCIL FOR THE PROMOTION OF INTERNATIONAL TRADE (NINGBO) ADDRESS:NO.1001 NINGCHUAN ROAD, NINGBO FAX:0086-574-87365173 TEL:0574-28830063 NINGBO,CHINA MAY.21,2020 Place and date, signature and stamp of certifying authority

page 1 of 1

168

ORIGINAL

1. Exporter	Certificate No. C207588512120094
NINGBO ██████ IMPORT & EXPORT CO., LTD. VIA ASSIST INTERNATIONAL LIMITED 22ND FLOOR, NORTH BUILDING, NO. 1299 YINXIAN EAST ROAD, NINGBO, CHINA	**CERTIFICATE OF ORIGIN** **OF** **THE PEOPLE'S REPUBLIC OF CHINA**
2. Consignee	
██████ S. R. O. K LICHEMU STROMU 167, 25265 TURSKO, CZECH REPUBLIC TEL:+420 315 733 322 FAX:+420 315 786 381	
3. Means of transport and route	5. For certifying authority use only
FROM NINGBO CHINA TO CZECH REPUBLIC VIA HAMBURG BY SEA	
4. Country / region of destination	
CZECH REPUBLIC	Verification:origin.customs.gov.cn

6. Marks and numbers	7. Number and kind of packages;description of goods	8. H.S Code	9. Quantity	10. Number and date of invoices
VEN S. R. O. METR SV. BRUTTO/NETTO WEIGHT: PCS IN CTN: C/NO: ORDER NO. :	SIX HUNDRED AND FIVE (605) CTNS OF STEEL MEASURING TAPE	90. 17	10850. 00KGS G. W.	201E0133 JUL. 01, 2020
	NINETEEN (19) CTNS OF BLADES	82. 11	341. 00KGS G. W.	
	ONE HUNDRED AND THIRTY FIVE (135) CTNS OF SPIRIT LEVEL	90. 31	2048. 20KGS G. W.	
	TWO HUNDRED (200) CTNS OF SCREW DRIVERS	82. 05	1700. 00KGS G. W.	
	THIRTY SIX (36) CTNS OF SCREW DRIVERS BITS	82. 07	380. 00KGS G. W.	
	FIFTEEN (15) CTNS OF MAGNETIZE & DEMAGNETIZE TOOLS	85. 05	142. 50KGS G. W.	
	*** *** *** *** *** REMARKS: ORDER NO. :ZS027/20+ZS033/20			

11. Declaration by the exporter	12. Certification
0 0 0 0 0 8 4 7 7 1 8 8 1 The undersigned hereby declares that the above details and statements are correct, that all the goods were produced in China and that they comply with the Rules of Origin of the People's Republic of China.	It is hereby certified that the declaration by the exporter is correct
宁波 ██ 进出口有限公司 NINGBO ██████ IMPORT & EXPORT CO.,LTD. 黄艳艳	NINGBO CUSTOMS 中华人民共和国 宁波 ORIGIN 海关 THE PEOPLE'S REPUBLIC OF CHINA
Ningbo, China, JUL. 09, 2020	Ningbo, China, JUL. 09, 2020
Place and date, signature and stamp of authorized signatory	Place and date, signature and stamp of certifying authority

203859002542761

ORIGINAL

1. Exporter NINGBO ████████ IMPORT&EXPORT CO., LTD. 29 DONGDU ROAD, B06/6F, WORLD TRADE CENTER NINGBO, CHINA	Certificate No. C207588512120056
	CERTIFICATE OF ORIGIN OF THE PEOPLE'S REPUBLIC OF CHINA
2. Consignee ████████ GMBH KIRCHFELDSTR. 118 40215 DüSSELDORF GERMANY	
3. Means of transport and route FROM NINGBO CHIAN TO GERMANY VIA ROTTERDAM BY SEA	5. For certifying authority use only ISSUED RETROSPECTIVELY
4. Country / region of destination GERMANY	Verification:origin.customs.gov.cn

6. Marks and numbers	7. Number and kind of packages;description of goods	8. H.S Code	9. Quantity	10. Number and date of invoices
EMMA + NOAH PRODUCT NAME: DESIGN: ARTICLE NUMBER: SKU: QUANTITY: CARTON NUMBER: MADE IN CHINA G.W. N.W. MEAS:	TWENTY SIX (26) CTNS OF 100% COTTON SWADDLE ONE HUNDRED AND FORTY EIGHT (148) CTNS OF 100% COTTON BURP CLOTH NINETY FIVE (95) CTNS OF 100% COTTON BLANKET *** *** *** *** ***	62.14 62.09 63.01	520PCS 2960PCS 1900PCS	201E0085-3 MAY 20, 2020

11. Declaration by the exporter
    The undersigned hereby declares that the above details and statements are correct, that all the goods were produced in China and that they comply with the Rules of Origin of the People's Republic of China.
	12. Certification
	    It is hereby certified that the declaration by the exporter is correct.

0000084021914 宁波 ████ 进出口有限公司 NINGBO ████ IMPORT & EXPORT CO.,LTD. Ningbo, China, JUN. 01, 2020 Place and date, signature and stamp of authorized signatory	NINGBO CUSTOMS 中华人民共和国 宁波 ORIGIN 海关 THE PEOPLE'S REPUBLIC OF CHINA Ningbo, China, JUN. 01, 2020 Place and date, signature and stamp of certifying authority

203859002220147

十、优惠原产地证书

1. 中国一东盟自贸区优惠原产地证书

Original

1. Products consigned from (Exporter's business name, address, country) NINGBO ▓▓▓▓▓ IMPORT & EXPORT CO.,LTD. 22ND FLOOR, NORTH BUILDING, NO. 1299 YINXIAN EAST ROAD, NINGBO, CHINA TEL:86 574 28856611 FAX:86 574 28856616	Reference No. E207588512120001 ASEAN-CHINA FREE TRADE AREA PREFERENTIAL TARIFF CERTIFICATE OF ORIGIN (Combined Declaration and Certificate) FORM E
2. Products consigned to (Consignee's name, address, country) ▓▓▓▓▓▓ CO.,LTD 885, 887 SOI LADPHRAO 87, KLONGJAN, BANGKAPI, BANGKOK, 10240 THAILAND. FAX:0066-2-5143445 ATTN:RUEDEE	Issued in THE PEOPLE'S REPUBLIC OF CHINA (Country) See Overleaf Notes
3. Means of transport and route (as far as known) Departure date JUN. 07, 2020 Vessel's name / Aircraft etc. MAKHA BHUM/20008S Port of Discharge BANGKOK	4. For Official Use Verification: origin.customs.gov.cn ☐ Preferential Treatment Given ☐ Preferential Treatment Not Given (Please state reason/s) ------------------------------------ Signature of Authorised Signatory of the Importing Party

5. Item Number	6. Marks and numbers on packages	7. Number and type of packages, description of products (including quantity where appropriate and HS number in six digit code)	8. Origin criteria (see Overleaf Notes)	9. Gross weight or net weight or other quantity, and value (FOB) only when RVC criterion is applied	10. Number, date of Invoices
1	AT INDY QTY: G.W.: N.W.: MEAS.: NO. BOX: LOT. DATE:	TWENTY FIVE (25) CTNS OF FIBERGLASS MEASURING TAPE H.S. CODE: 9017.80	"PE"	600PCS	20IE0099 JUN. 04, 2020
2		ONE HUNDRED AND EIGHTY FOUR (184) CTNS OF STEEL MEASURING TAPE H.S. CODE: 9017.80	"PE"	13248PCS	
3		SIXTY EIGHT (68) CTNS OF BLADES H.S. CODE: 8211.94	"PE"	15280CASES	
4		ONE HUNDRED AND FIFTY FIVE (155) CTNS OF UTILITY KNIFE H.S. CODE: 8211.93	"PE"	14976PCS	
5		TEN (10) CTNS OF SCREWDRIVERS BITS H.S. CODE: 8205.40	"PE"	3600PCS	
6		TWO HUNDRED (200) CTNS OF SPIRIT LEVEL H.S. CODE: 9031.80 *** *** *** *** ***	"PE"	2400PCS	

11. Declaration by the exporter	12. Certification
The undersigned hereby declares that the above details and statement are correct; that all the products were produced in 宁波▓▓进讯▓▓有限公司 CHINA NINGBO ▓▓▓▓ IMPORT & EXPORT CO.,LTD. and that they comply with the origin requirements specified for these products in the Rules of Origin for the ACFTA for the products exported to THAILAND (Importing Country) Ningbo, China, JUN. 09, 2020 Place and date, signature of authorised signatory	It is hereby certified, on the basis of control carried out, that the declaration by the exporter is correct. NINGBO CUSTOMS 中华人民共和国 宁波 ORIGIN 海关 THE PEOPLE'S REPUBLIC OF CHINA Ningbo, China, JUN. 09, 2020 Place and date, signature and stamp of certifying authority

| 13. ☐ Issued Retroactively   ☐ Exhibition
☐ Movement Certificate   ☐ Third Party Invoicing
0000084192375 | |

193892754

2. 中国—韩国自贸区优惠原产地证书

ORIGINAL

1. Exporter's name and address, country: NINGBO ▇▇▇ IMPORT & EXPORT CO., LTD. 22ND FLOOR, NORTH BUILDING, NO. 1299 YINXIAN EAST ROAD, NINGBO, CHINA TEL:86 574 28856611 FAX:86 574 28856616/18	Certificate No.: K207588512120003
2. Producer's name and address, country: NINGBO ▇▇▇ MEASURING TAPE INDUSTRY CO., LTD CW4 FAREAST INDUSTRIAL CITY YUYAO ZHEJIANG CHINA	**CERTIFICATE OF ORIGIN** Form for China-Korea FTA
3. Consignee's name and address, country: ▇▇▇ CHEGTM 69 INGYO-DONG, JUNG-GU, DAEGU, KOREA TEL:82-53-250-0885 FAX:82-53-250-0888	Issued in __The People's Republic of China__ (see Overleaf Instruction)

4. Means of transport and route (as far as known): Departure Date: APR. 01, 2020 Vessel/Flight/Train/Vehicle No.: SKY VICTORIA 1055E Port of loading: SHANGHAI Port of discharge: BUSAN	5. Remarks: 60CARTONS=3PALLETS Verification:origin.customs.gov.cn

6. Item number (Max 20)	7. Marks and Numbers on packages	8. Number and kind of packages; description of goods	9. HS code (Six-digit code)	10. Origin criterion	11. Gross weight, quantity (Quantity Unit) or other measures (liters, m³, etc.)	12. Number and date of invoice
1	BLUEBIRD	FIFTEEN (15) CTNS OF STEEL MEASURING TAPE KC-210C: 6000PCS	9017.80	"WP"	150.00KGS G.W.	20IE0023 MAR. 27,2020
2		FORTY FIVE (45) CTNS OF GLASS FIBRE METRIC TAPE GD-1001: 250PCS GD-3009: 250PCS GD-5009: 300PCS *** *** *** *** ***	9017.80	"WP"	675.00KGS G.W.	

13. Declaration by the exporter: 0 0 0 0 0 8 3 0 3 9 1 6 8 The undersigned hereby declares that the above details and statement are correct, that all the goods were produced in ....CHINA................ (Country) and that they comply with the origin requirements specified in the GSP for goods exported to 宁波▇▇▇▇进出口有限公司 NINGBO ▇▇▇ IMPORT & EXPORT CO.,LTD. (Importing country) 黄艳艳 Ningbo, China,APR. 02,2020 Place and date, signature of authorized signatory	14. Certification: On the basis of control carried out, it is hereby certified that the information herein is correct and that the goods described comply with the origin requirements specified in the China-Korea FTA. *[NINGBO CUSTOMS — 中华人民共和国 宁波 ORIGIN 海关 THE PEOPLE'S REPUBLIC OF CHINA seal]* Ningbo, China,APR. 02,2020 Place and date, signature and stamp of authorized body

203859001826648

3. 中国一澳大利亚自贸区优惠原产地证书

CERTIFICATE OF ORIGIN

1. Exporter's name, address and country: NINGBO ▓▓▓▓ IMPORT & EXPORT CO.,LTD. 22ND FLOOR, NORTH BUILDING, NO. 1299 YINXIAN EAST ROAD, NINGBO, CHINA TEL:86 574 28856611 FAX:86 574 28856616/18	Certificate No.: A207588512120012 **CERTIFICATE OF ORIGIN** **Form for China-Australia Free Trade Agreement**
2. Producer's name and address (if known): NINGBO ▓▓▓▓ MEASURING TAPE INDUSTRY CO.,LTD CW4 FAREAST INDUSTRIAL CITY YUYAO ZHEJIANG CHINA	Issued in: _The People's Republic of China_
3. Importer's name, address and country (if known): ▓▓▓▓ GROUP 55 PENDLEBURY ROAD, CARDIFF NSW 2285 AUSTRALIA FAX:612 4957 3737	For official use only:
4. Means of transport and route (if known): Departure date: JUN. 28, 2020 Vessel/Flight/Train/Vehicle No.: OOCL ROTTERDAM/118S Port of loading: NINGBO Port of discharge: SYDNEY	**5. Remarks:** PO#001488

6. Item number (max 20)	7. Marks and numbers on packages (optional)	8. Number and kind of packages; description of goods	9. HS code (6-digit code)	10. Origin criterion	11. Gross or net weight or other quantity (e.g. Quantity Unit, litres, m³.)	12. Invoice number and date
1	▓▓▓▓ GROUP CODE: QTY: NW: GW: MADE IN PRC	SEVENTY FIVE (75) CTNS OF UTILITY KNIFE *** *** *** *** ***	8211.93	"WP"	750.00KGS G.W.	20IE0127 JUN. 22, 2020

13. Declaration by the exporter or producer The undersigned hereby declares that the above-stated information is correct and that the goods exported to _____ AUSTRALIA _____ (Importing Party) comply ▓▓▓▓ requirements specified in the China ▓▓▓▓ -Trade Agreement: 宁波▓▓▓进出口有限公司 NINGBO ▓▓▓▓ IMPORT & EXPORT CO.,LTD. 黄艳艳 Ningbo, China, JUN. 28, 2020 Place, date and signature of authorised person	**14. Certification** On the basis of the control carried out, it is hereby certified that the information herein is correct and that the described goods comply with the origin requirements of the China-Australia Free Trade Agreement. ‖‖‖‖‖‖ 0 0 0 0 0 8 4 5 3 2 0 8 0 Ningbo, China, JUN. 28, 2020 Place, date and signature and stamp of the Authorised Body Tel: 0086-574-89092953 Fax: 0086-574-89094183 Address: No. 89 ▓▓▓▓ Ningbo, Zhejiang, China Verification:origin.customs.gov.cn

203859002437949

4. 中国—秘鲁自贸区优惠原产地证书

ORIGINAL

1. Exporter's name and address: NINGBO _____ HOME PRODUCTS CO., LTD. 22ND FLOOR, NORTH BUILDING, NO. 1299 YINXIAN EAST ROAD, NINGBO, CHINA TEL:+86 574 28856656 FAX:+86 574 28856618	Certificate No.: R207723198550008 **CERTIFICATE OF ORIGIN** **Form for China-Peru FTA**
2.Producer's name and address, if known: NINGBO _____ HOME PRODUCTS CO., LTD. 22ND FLOOR, NORTH BUILDING, NO. 1299 YINXIAN EAST ROAD, NINGBO, CHINA TEL:+86 574 28856656 FAX:+86 574 28856618	Issued in _____ THE PEOPLE'S REPUBLIC OF CHINA (see Overleaf Instruction) ISSUED RETROSPECTIVELY
3. Consignee's name and address: _____ S.A.C. CAL. AMADOR MERINO REYNA 339, DPTO 1201, SAN ISIDRO, LIMA-PERU RUC:20289907743 PHONE:+51 1 715 4000	
4. Means of transport and route (as far as known): Departure Date: JUL. 01, 2020 Vessel/Flight/Train/Vehicle No.: CMA CGM MUMBAI 0MH5TE1MA Port of loading: NINGBO, CHINA Port of discharge: CALLAO, PERU	For Official Use Only: Verification: origin.customs.gov.cn
	5. Remarks: NINGBO SANBANG HOME PRODUCTS CO., LTD. PRODUCER: NINGBO SANBANG HOME PRODUCTS CO., LTD. NON PARTY OPERATOR: ILKO ASIA LIMITED RM 1101, CHEVALIER HOUSE, 45-51 CHATHAM ROAD SOUTH, TSIMSHATSUI, KOWLOON, HONG KONG

6. Item number (Max 20)	7. Number and kind of packages; description of goods	8. HS code (Six digit code)	9. Origin criterion	10. Gross weight, quantity (Quantity Unit) or other measures (liters,m³,etc.)	11. Number and date of invoice	12. Invoiced value
1	ONE HUNDRED AND SIXTY EIGHT (168) CTNS OF MICROFIBER FLOOR CLOTH ITEM NO.:1201426 *** *** *** *** ***	6307.10	"WP"	8064PCS G.W. 1159.20KGS	2020EMINO409 JUN. 23, 2020	FOB:USD 6128.64

| 13.Declaration by the exporter:

The undersigned hereby declares that the above details and statement are correct; that all the goods were produced in
CHINA
(Country)
and that they comply with the origin requirements specified in the FTA for the goods exported to
PERU
(Importing country)

Ningbo, China, JUL. 03, 2020
0000084655002
Place and date, signature of authorized signatory | 14. Certification:
On the basis of control carried out, it is hereby certified that the information herein is correct and that the goods described comply with the origin requirements specified in the China-Peru FTA.

Ningbo, China, JUL. 03, 2020
Place and date, signature and stamp of authorized body |

185092545

5. 中国一瑞士自贸区优惠原产地证书

CERTIFICATE OF ORIGIN

1. Exporter (Name, full address, country) NINGBO _____ IMPORT & EXPORT CO., LTD. 22ND FLOOR, NORTH BUILDING, NO. 1299 YINXIAN EAST ROAD, NINGBO, CHINA TEL: +86 574 28856611 FAX: +86 574 28856616	No. S207588512120008
2. Consignee (Name, full address, country) _____ AG SCHULRIEDERSTRASSE 5 CH-3293 DOTZIGEN SWITZERLAND	Certificate of Origin used in FTA between **CHINA** and **SWITZERLAND** See notes overleaf before completing this form

3. Transport details (as far as known) Departure Date MAY 16, 2020 Vessel/Flight/Train/Vehicle No. MSC MINA 020W Port of loading NINGBO Port of discharge SWITZERLAND VIA ANTWERP	4. Remarks LANDI E-ORDER NO: 12988583 LANDI ART NO.: 51611.01 Verification: origin.customs.gov.cn

5. Item number (Max 20)	6. Marks and numbers	7. Number and kind of packages; Description of goods	8. HS code (Six digit code)	9. Origin criterion	10. Gross mass (kg) or other measure (liters, m³, etc.)	11. Invoices (Number and date)
1	_____ AG CH-3293 DOTZIGEN E-ORDER: 12988583 ART NO.: 51611.01/51611 ROLLMETER 5M 19MM	EIGHTY EIGHT (88) CTNS OF STEEL MEASURING TAPE *** *** *** *** ***	9017.80	"WP"	6336PCS 1760.00KGS G.W.	201E0045B MAY 06, 2020

12. ENDORSEMENT BY THE AUTHORISED BODY	13. DECLARATION BY THE EXPORTER
It is hereby certified, on the basis of control carried out, that the declaration of the exporter is correct. ISSUED RETROSPECTIVELY Ningbo, China, MAY 19, 2020 Place and date, signature and stamp of authorised body	The undersigned hereby declares that the details and statement above are correct, that all the goods were produced in CHINA .... (country) and that ____ comply with the origin requirements specified in the FTA for the goods exported to SWITZERLAND .... (Importing country) Ningbo, China, MAY 19, 2020 Place and date, signature of authorised signatory

203859002124264   000008379515139

十一、海运出口费用确认单

Grand Alliance
INT'LOGISTICS CO.,LTD.

宁波XXX国际货运代理有限公司

海 运 出 口 费 用 确 认 单

TO: 宁波XXX有限公司19TPI0197
FROM: 宁波XXX国际货运代理有限公司

工作编号：		M.B/L:	NGLN00020300
船名航次：		件/毛/体：	
目的港：	NAVEGANTES	箱型：	40HQ
船公司：		开航日期：	1月21日

贵司委托我司承运的上述货物,具体费用明细如下:

*发票类型选择： 增值税普通发票

人民币费用	单价	数量	金额	备注
订舱费40GP/HQ	400		223	35.36/63.3
THC费40GP/HQ	1000		560	
文件费	500		280	
条码费40GP/HQ	15		8	
堆存费	56	7	31	
EDI	80		45	
箱单费	60		34	
报关费		1	100	
操作费			200	
TOTAL:		**RMB:**	1481	

<人民币发票，统一开成代理运费>

发票抬头：

<请贵司签字确认后,在一天之内回传我司,否则将视为默认,如有疑问请致电,感谢您的合
开户行及账号： 中国民生银行解放南路支行RMB695878277

了解更多运价信息及行业动态，你还可以微信扫描以下二维码添加我司公共账号

账号：GRANDALLIANCE

感谢您一直以来对我司的支持！

客户签字(盖章)；
确认日期：

公司网站：www.ga-nb.com
联系人:葛咪霞
TEL：0574-27895098

E-MAIL :holiday@ga-nb.com
FAX：0574-87148186

寄单地址：宁波市江东区沧海路1926号上东国际3号楼801-802

十二、银行水单

网上交易状态查询

网银流水号：2020021714198028205   录入日期：**2020-02-17**

付款方信息	账号	39-402001040011456	收款方信息	账号	121919788910901
	户名	宁波▇▇进出口有限公司		户名	宁波▇▇国际物流有限公司上海分公司
	开户行	宁波分行		开户行	招商银行股份有限公司上海川北支行
	账户性质	支票户		账户性质	
金额	小写	￥720.00			
	大写	柒佰贰拾元整	用途		货代费20IE0003／18267759
网银客户号	82999985147		业务种类		单笔转账
是否加急			预约日期		
联系人	张敏亚		联系电话		13248558363

录入员：0006	录入时间：14:22:37	复核员：0005	复核日期：2020-02-17
交易状态：交易成功			

🖨 打印   返 回

🏛 帮助和其他

十三、电放保函

DACHSER

• 电放保函

TO：XXX 有限公司

船名航次： EVER GIFTED/1089W

提单号： 39130047627

箱封号： EGHU9708312/EMCJXW7069

起运港：NINGBO

目的港：ROTTERDAM

发货人：NINGBO XXX IMPORT&EXPORT CO.,LTD.

29 DONGDU ROAD,B06/6F,WORLD TRADE CENTER
NINGBO,CHINA

电放申请：
　　我司持有上述货物（全套）正本提单，现将（全套）正本提单交还贵司，并申请将提单所注之货物发放给以下收货人，收货人无需提供该正本提单，由此引起的一切责任/损失/费用将有我司负责和承担。

收货人公司名称及地址： XXX GMBH

KIRCHFELDSTR. 118
40215 DÜSSELDORF GERMANY

申请公司： 宁波 XXX 有限公司

国际货运代理(上海)有限公司 • 宁波分公司 • 中国 • 浙江省宁波市 • 江北区大闸南路 500 号 • 来福士广场 1101、1102 室 • 邮编：315020
Shanghai Co., Ltd. • Ningbo Branch • 1101 & 1102 Raffles Ningbo • 500 Da Zha Nan Road • Jiangbei District • Ningbo 315020 •
P. R. China
Phone: +86 574 8768 4988 • Fax: +86 574 8731 4717 • dachserngb@dachser.com.cn • www.dachser.cn

All rendered services are exclusively based on FIATA (International Federation of Freight Forwarder's Association) Model Rules for Freight Forwarding Services – latest version (available any time under www.dachser.cn or by mail on request). Special remark is made on the following: Article 8.3.1 FIATA Model Rules limits the liability of the Freight Forwarder for loss or damage to the goods to a maximum of 2 Special Drawing Rights (SDR) per kilogram. The Freight Forwarder's liability for any type of loss not mentioned in article 8.3.1 and 8.3.2 FIATA Model Rules shall not exceed the total amount of 50,000 SDR for each incident.

DACHSER

签字及盖章：

2020 年 6月 28 日

国际货运代理(上海)有限公司 • 宁波分公司 • 中国 • 浙江省宁波市 • 江北区大闸南路 500 号 • 来福士广场 1101、1102 室 • 邮编：315020
████████ Shanghai Co., Ltd. • Ningbo Branch • 1101 & 1102 Raffles Ningbo • 500 Da Zha Nan Road • Jiangbei District • Ningbo 315020 • P. R. China
Phone: +86 574 8768 4988 • Fax: +86 574 8731 4717 • dachserngb@dachser.com.cn • www.dachser.cn

十四、DHL 面单

EXPRESS WORLDWIDE **WPX** **_DHL_**

2020-05-29 MYDHL+ 1.0 / *30-0821*

From : Ningbo ████████ Import & Export Co, Ltd. Mike Ma Yujiaduan, Gulin town,Haishu District	**Origin:** **HGH**

315177 NINGBO ZHEJIANG
China, Peoples Republic

To : ████████ **GmbH** Florian Glaszis Kirchfeldstrasse 118	**Contact:** Florian Glaszis

40215 Duesseldorf Nordrhein-Westfalen
Germany

DE-DUS-DU1

C-IMP

Day Time

Ref:

Pce/Shpt Weight   Piece

11,0/55,0 kg 1 / 5

Contents: Other -
Blanket s (other than
electric bl ankets) and
travelling ru gs, of
cotton

WAYBILL 73 0382 0484

(2L)DE40215+48000001

(J) JD01 4600 0078 6559 3630

EXPRESS WORLDWIDE **WPX** **DHL**

2020-05-29 MYDHL+ 1.0 / *30-0821*

From : Ningbo ▮▮▮▮▮ Import & Export Co, Ltd.
Mike Ma
Yujiaduan, Gulin town,Haishu District

Origin:

HGH

315177 NINGBO ZHEJIANG
China, Peoples Republic

To : ▮▮▮▮▮▮▮▮ GmbH
Florian Glaszis
Kirchfeldstrasse 118

Contact:
Florian Glaszis

40215 Duesseldorf Nordrhein-Westfalen
Germany

DE-DUS-DU1

C-IMP

Day   Time

Ref:

Pce/Shpt Weight   Piece
11,0/55,0 kg 2 / 5

Contents: Other -
Blanket s (other than
electric bl ankets) and
travelling ru gs, of
cotton

WAYBILL 73 0382 0484

(2L)DE40215+48000001

(J) JD01 4600 0078 6559 3631

EXPRESS WORLDWIDE **WPX** *DHL*

2020-05-29 MYDHL+ 1.0 / *30-0821*

From : Ningbo ████████ Import & Export Co, Ltd.
Mike Ma
Yujiaduan, Gulin town,Haishu District

Origin:
HGH

315177 NINGBO ZHEJIANG
China, Peoples Republic

To : ████████ GmbH
Florian Glaszis
Kirchfeldstrasse 118

Contact:
Florian Glaszis

40215 Duesseldorf Nordrhein-Westfalen
Germany

DE-DUS-DU1

C-IMP

Day   Time

Ref:

Pce/Shpt Weight   Piece
11,0/55,0 kg 3 / 5

Contents: Other -
Blanket s (other than
electric bl ankets) and
travelling ru gs, of
cotton

WAYBILL 73 0382 0484

(2L)DE40215+48000001

(J) JD01 4600 0078 6559 3632

EXPRESS WORLDWIDE **WPX** _DHL_

2020-05-29 MYDHL+ 1.0 / *30-0821*

From : Ningbo ▮▮▮▮ Import & Export Co, Ltd.
Mike Ma
Yujiaduan, Gulin town,Haishu District

Origin:
HGH

315177 NINGBO ZHEJIANG
China, Peoples Republic

To : ▮▮▮▮▮▮ GmbH
Florian Glaszis
Kirchfeldstrasse 118

Contact:
Florian Glaszis

**40215 Duesseldorf Nordrhein-Westfalen
Germany**

DE-DUS-DU1

C-IMP

Day   Time

Ref:

Pce/Shpt Weight   Piece
11,0/55,0 kg 4 / 5

Contents: Other -
Blanket s (other than
electric bl ankets) and
travelling ru gs, of
cotton

WAYBILL 73 0382 0484

(2L)DE40215+48000001

(J) JD01 4600 0078 6559 3633

EXPRESS WORLDWIDE **WPX** _DHL_

2020-05-29 MYDHL+ 1.0 / *30-0821*

From : Ningbo ███████ Import & Export Co, Ltd.
Mike Ma
Yujiaduan, Gulin town,Haishu District

Origin:

HGH

315177 NINGBO ZHEJIANG
China, Peoples Republic

To : ███████ GmbH
Florian Glaszis
Kirchfeldstrasse 118

Contact:
Florian Glaszis

40215 Duesseldorf Nordrhein-Westfalen
Germany

DE-DUS-DU1

C-IMP

Day   Time

Ref:

Pce/Shpt Weight   Piece

11,0/55,0 kg 5 / 5

WAYBILL 73 0382 0484

Contents: Other -
Blanket s (other than
electric bl ankets) and
travelling ru gs, of
cotton

(2L)DE40215+48000001

(J) JD01 4600 0078 6559 3634

WAYBILL DOC

Not to be attached to package - Hand to Courier

2020-05-29 MYDHL+ /

Shipper :

Ningbo ▨▨▨▨ Import & Export Co, Ltd.

Mike Ma

Yujiaduan, Gulin town,Haishu District

315177 NINGBO ZHEJIANG

China, Peoples Republic

Contact:

+8613906681099

Receiver :

▨▨▨▨▨ GmbH

Florian Glaszis

Kirchfeldstrasse 118

40215 Duesseldorf Nordrhein-Westfalen

Germany

Contact:

Florian Glaszis

+4917670663739

florian@emmanoah.com

CN-HGH-NGB DE-DUS-DU1

Product Details:

[P] EXPRESS WORLDWIDE (48)

Payer Details

Freight A/C: IMPEXONL

Duty A/C: Receiver Will Pay

Taxes A/C: Receiver Will Pay

Incoterm: DAP

Features / Services (Service Code)

Emergency Situation(CP)

Import Billing(DT)

Shipment Details

Ref:

Custom Val: 686,00 USD

Cust Decl Shpt Wgt (UOM) / Dim Wgt (UOM):	Pieces
55,0 kg	**5**

Name (in Capital Letters)	Signature	Date (DD.MM.YYYY)

WAYBILL 73 0382 0484

Contents: Other - Blanket s (other than electric bl ankets) and travelling ru gs, of cotton

License Plates of pieces in shipment

JD014600007865593630

JD014600007865593631

JD014600007865593632

JD014600007865593633

JD014600007865593634

Sender

Ningbo ▮▮▮▮ Import & Export Co, Ltd.
Mike Ma
Yujiaduan, Gulin town,Haishu District
NINGBO, 315177
ZHEJIANG
China, Peoples Republic
Phone Nr.: +8613906681099   Fax:
Tax ID/VAT No.:
EORI:

Receiver

▮▮▮▮▮▮▮ GmbH
Florian Glaszis
Kirchfeldstrasse 118
Duesseldorf, 40215
Nordrhein-Westfalen
Germany
Phone Nr.: +4917670663739   Fax:
Tax ID/VAT No.: DE297829060   Email: florian@emmanoah.com
EORI: DE432978946235980

Billed to

Phone Nr.:   Fax:
Tax ID/VAT no.:

Commercial Invoice

Date: 2020-05-29   Waybill Number: 7303820484
Invoice Number:

Exporter ID:
Exporter Code:

Bank Details

INN: OGRN:
KPP: OKPO:

Shipment Reference:
Receiver Reference:

Other Remarks:

Full Description of Goods	Commodity Code	Qty	Unit Value	Sub-total Value	Net Weight	Gross Weight	Country of Origin
Other - Blankets (other than electric blankets) and travelling rugs, of cotton	6301.30. 9090	5,00 BOX	137,20 USD	686,00 USD	10,0000 kg	11,0000 kg	CHINA, PEOPLES REPUBLIC

Total Goods Value:	686,00	Total Net Weight:	50,0000 kg
Total line items:	1	Total Gross Weight:	55,0000 kg
Number of pallets:	0	Currency code:	USD
Total units:	5.0	Terms of Payment:	
Reason for Export:	Commercial	Payer of GST/VAT:	
Type of Export:	Permanent	Duty/taxes acct:Receiver Will Pay	
Terms of Trade:	Delivered at Place	Requiere Pedimento: No	
Other charges:	0,00	Duty/tax billing service:	
Freight cost (if paid by sender):	0,00	Carrier:	DHL
Insurance cost (if paid by sender):	0,00	Ultimate Consignee:	
Total Invoice Amount:	686,00	Exemption Citation:	

I/We hereby certify that the information contained in the invoice is true and correct and that the contents of this shipment are as stated above.

Name: Signature: Company Stamp:

Position:

Date of signature: _____

Page 1 / 1

宁波 ▮▮▮ 进出口有限公司
NINGBO ▮▮▮▮▮▮ IMPORT & EXPORT CO.,LTD

十五、异地放单保函

异地放单保函

致：宁波XXX国际物流有限公司

就以下所述货物：

V/V（船名航次）：COYHAIQUE/2003E

B/L No.（提单号）：PSLSHAACA01490

装运港：SHANGHAI

POD/VIA（目的港）：ACAJUTLA

我司兹确认上述货物不需签发正本提单，授权贵司在目的港签提单给
收货人（提单上收货人）

请协助办理为盼，若由以上异地放单所产生的一切责任和费用由我
司承担。

本保函应根据中国有关法律进行解释，任何与本保函有关的纠纷
均应提交中华人民共和国有管辖权的海事法院解决。

盖章